纪念钱伟长诞辰110周年丛书

成旦红　刘昌胜　主编

和钱伟长一起成长

王远弟　著

上海大学出版社
·上海·

图书在版编目(CIP)数据

和钱伟长一起成长/王远弟著.—上海：上海大学出版社，2023.9
(纪念钱伟长诞辰110周年丛书)
ISBN 978-7-5671-4801-7

Ⅰ.①和… Ⅱ.①王… Ⅲ.①钱伟长(1912-2010)—生平事迹 Ⅳ.①K826.11

中国国家版本馆CIP数据核字(2023)第164735号

责任编辑　刘　强
封面设计　柯国富
技术编辑　金　鑫　钱宇坤

和钱伟长一起成长

王远弟　著

上海大学出版社出版发行
(上海市上大路99号　邮政编码200444)
(https://www.shupress.cn　发行热线021-66135112)
出版人　戴骏豪

*

南京展望文化发展有限公司排版
江阴市机关印刷服务有限公司印刷　各地新华书店经销
开本710 mm×1000 mm　1/16　印张14.5　字数194千字
2023年10月第1版　2023年10月第1次印刷
ISBN 978-7-5671-4801-7/K·277　定价 68.00元

版权所有　侵权必究
如发现本书有印装质量问题请与印刷厂质量科联系
联系电话：0510-86688678

总 序

成旦红　刘昌胜

钱伟长先生是我国近代力学奠基人之一，著名的科学家、教育家、社会活动家，上海大学"永远的校长"。

1913年，钱伟长先生出生于江苏无锡一个诗书家庭。在国学大师、四叔钱穆的教导下，18岁的他以优异的中文和历史成绩考入清华大学中文系。入学后不久，九一八事变爆发，他决定舍文从理，学造飞机大炮以报效祖国。他先后在清华大学、加拿大多伦多大学、美国加利福尼亚理工学院喷射推进研究所进行学习和研究，攻克了多个世界性难题，成为蜚声中外的固体力学和流体力学大师。

钱伟长先生的成长受益于中外最优秀的思想文化。钱穆、吕叔湘、杨荫浏、叶企孙、顾颉刚、吴有训、马约翰、辛格、爱因斯坦、英费尔德、冯·卡门这些在20世纪熠熠生辉的名字都与他的成长联系在一起。在与世界顶尖人才的交往学习和中外精粹文化的共同熏陶下，钱伟长先生很早就形成了深刻而独特的思想。他的身上汇聚着传统的坚忍、仁爱与责任感以及现代化的开放、平等与创新特质，这些贯穿了他的科学研究、办学思想、社会活动等方方面面。

一生之中，钱伟长先生始终把个人的命运与国家、民族的命运联系在一起。他满怀深情地说："回顾我这一辈子，归根到底，我是一个爱国者。"

在国家的危难时刻，已经声名远扬的他放弃国外优越的生活条件，冲破阻力只身回国，承担起科学救国的重任；在社会快速发展的年代，他认为教育是国家和民族发展的基础，投身教育振兴，始终坚定地站在科学教育的前沿，在教育和教学实践中汲取中西文化之长，积极探索符合中国国情的教育理论，并尽其所能付诸实践。他的丰满人生、科学精神、爱国情怀永远被大家铭记！

大任于斯，伟业流长。钱伟长先生的一生，从义理到物理，从固体到流体，顺逆交替，委屈不曲，荣辱数变，老而弥坚。他的名言"我没有专业，国家需要就是我的专业"永远激励一批又一批后学晚辈以此为人生信条，为国家和民族的振兴而奋发有为。通过终身的学习奋斗和不辍的研究探索，钱伟长先生获得了丰富的科研及学术成就，形成了深刻而独特的教育思想和学术思想，留下了无数动人心弦的故事，这一切不仅是上海大学的宝贵财富，也是上海人民乃至全国人民的财富。我们研究钱伟长先生，要研究他所处的时代，研究他不平凡的经历，更要面向未来，以钱伟长先生之思想，为无数来者指明前行的方向。

在纪念钱伟长诞辰110周年之际，学校推出"纪念钱伟长诞辰110周年丛书"，包括《钱伟长治学理念与教育思想》《钱伟长与上海大学》《钱伟长学术思想、科学精神及其影响》《钱伟长家世、家庭、家教和家风》《钱伟长爱国主义教育思想》《和钱伟长一起成长》六种。通过对钱伟长先生的生平经历和思想理念进行细致全面的梳理和研究，我们才能深入了解钱伟长先生的深邃思想和传奇人生，我们才能真正理解他的理念和实践，继承和发扬他所开创的事业，在他的热爱国家、情系人民的崇高品德和刻苦钻研、勇于创新的科学精神感召下，以饱满的热情为实现中华民族伟大复兴贡献力量！

前　言

2023年是钱伟长诞辰110周年，在这个特殊的年份，我们重新回顾他的成长历程，可以感知他成长的心路历程。

钱伟长出生于民国初年，那是一个动荡的年代，也是中国近现代史上国内外各种势力交互影响的年代。可以说，钱伟长的青年成长史也是中国现代史的一个剖面。在这个剖面上，有遍布神州的工农运动和轰轰烈烈的北伐战争，也有大革命失败后的血雨腥风；有饱受日寇疯狂掠夺的国土和人民，也有为国家和民族抗争的莘莘学子；有为国育才的科学家、教育家，也有坚韧不屈为国奉献的先辈英烈。

中国现代史在钱伟长身上刻下了永久的印记，正是这些印记使他成为现代中国知识分子的典型代表。他也带着这些印记走过了国家从多灾多难迈向繁荣昌盛的艰难旅程。读者可以从本书看到现代中国的影子，更好地理解整个现代中国的历史进程。

钱伟长的成长历程也是20世纪上半叶中国知识分子的典型经历。贫困的家庭出身和内外交困的社会环境，并没有完全阻断他们成就自己的道路。钱伟长等一批有志青年，在艰难困苦中不断探寻自己的成才之路，充分把握机会、利用各种资源以实现自己的追求。更为重要的是，他们把自己的命运和国家的命运紧紧相连，以国家事业的成功作为自己的成功。可以说，这个时代的他们为国家后续发展奠定了基本的科学技术基础。

他们的成长，也体现出中华文化一直重视的"兴学育才"优秀传统，进一步加深了我们对文化自信的理解。

钱伟长作为科学家、教育家和杰出的社会活动家，是我们青少年抬头仰望的大家。本书希望通过他在青年时代的成长经历，为读者呈现一个触手可及的钱伟长——他一步一步从平凡的高中"末尾"录取生，克服重重困难，坚持不懈努力实现自己的成才愿望。其实我们也可以像他那样，一步一个脚印踏踏实实打基础，成为新时代的"钱伟长"。比如他在高中期间面对全英文的教材在理解上存在困难，在大学入学之后要学习"造飞机大炮"等，这些经历都能给我们青年学子以启示。

结合自己的经历，钱伟长提出诸多人才培养的理念，特别是大学教育"首先要培养一个全面的人，一个爱国主义者，一个辩证唯物主义者，一个具有文化艺术修养、道德品质高尚的人，其次才是一个拥有学科专业知识的未来的专门家"。一个全面发展的人，德智体美劳都要占，钱伟长对体育的热情可以说终身不减。他每每说到清华，体育老师马约翰是他必提的，可见其受到的影响。在马老师的鼓励和帮助下，钱伟长成了一名运动健将。本书将通过史料文献展示青年钱伟长参加体育活动和取得名次的时刻，再现那个当年英姿飒爽、朝气蓬勃的阳光青年。此外，钱伟长还积极参加大学社团活动，特别是长期在《清华周刊》做事，这既发挥了他的写作长处，也使其多方面的能力得以提升。

和有志向的人一起成长。从钱伟长的经历可以看出，他的许多同学和青年教师与他一样，努力追求上进。他经常提到的早读的华罗庚，还有一起不分白天黑夜地收集实验数据的同学顾汉章等，大家都有一股奋进的劲头。还有汪德熙、陈新民、郭永怀、林家翘等，他们经常一道讨论学习和学术问题，相互感染、相互支持、相互促进，共同进步。

充分利用名师资源、学校资源、社会资源，提升自己的能力。比如钱伟长从无锡国学专修馆饱学广识的唐文治先生，苏州中学、清华大学的一大批名师，以及后来在多伦多大学和加州理工学院的教授们，还有自己的几位叔叔那里,学到了终生受用的思想、观点和方法。如以解决问题为目标的学术研究态度,养成了他"祖国的需要就是我的专业"的情怀。钱伟长在中学毕业面临升学和就业选择时,努力争取奖学金资助以实现继续深造的目标。大学期间积极撰稿投稿发表文章,充分利用学校的平台锻炼自己、展示自己和提升自己。研究生阶段及其后一段时间,钱伟长持续争取到高梦旦奖学金、中英庚款会科技资助以及中英庚款会的留学资助。这些资助和支持,除了他自己努力去考、去争取外,还离不开他自身的广阔视野。本书将通过当时的媒体报道等,介绍钱伟长获得各项资助的经过。

100多年后的今天,国家已经成为钱伟长当年期望的样子——一个强大而和平的国家。我们的青少年很少能够想象得出当年钱伟长他们所面临的困境,我们虽然生活在和平、幸福的年代,但追求上进的精神不会改变,也不能改变。钱伟长他们在难以想象的困境中保持奋力进取的精神,这是值得所有青年学习的。"一个人是否能够成才,决定于自己。具体地说,决定于自己的理想和执着追求理想的精神。"这种精神激励着我们年轻人更好地把握住发展和成功的机会,成就自己,将自己的努力融入民族复兴大业。

本书的想法是尽量通过当年的文献记载,展现钱伟长作为爱国青年的奋斗过程。当然,不免有资料不全或者疏漏的情况,也会由此造成本书在观点上的某种偏颇,欢迎各位读者批评指正。

本书完稿过程中,得益于上海大学图书馆的文献资源保障,特别是20世纪上半叶的电子资源。笔者曾多次聆听戴世强老师关于钱伟长的讲座和报告,并在资料搜集利用上获得戴老师的倾心指导和大力支持,深受启发。成稿后,上海大学曾文彪、戴世强两位老师通读草稿,并提出许多宝贵意见。书稿内容本来止于钱伟长参加天安门广场开国大典庆祝活动,后在曾文彪老师的建议下拓展到1953年,也就是钱伟长40周岁这一年。

今年3月,钱元凯先生(钱伟长之子)来到上海大学,专程走访了钱伟长图书馆。笔者有幸陪同钱元凯先生，向他介绍钱伟长图书馆和本部图书馆；同时也得到他的指导。特别令人感动的是，钱元凯先生千叮咛万嘱咐，他来访一事不要惊动学校、不要给学校添麻烦，只要我给他办好入校手续就行。不过实际上我们见面的时候，钱元凯先生已经在钱伟长图书馆了。

  在撰写本书的过程中，笔者获得了众多单位和个人的热心帮助，在此一并致谢（排名不分先后）：钱元凯先生；上海大学曾文彪老师，学校党委副书记段勇教授，戴世强教授，学校对外联络处陈然处长和前任许瑞处长，校友何志明先生；云南省昆明市宜良县；贵州省毕节试验区杂志社和程红老师，中共贵州省委政策研究室黄朝章老师；天津市耀华中学；上海大学出版社及本书责任编辑；等等。

王远弟

2023年4月　于钱伟长图书馆

目 录

导言：寻伟长足迹　传崇高精神——钱伟长去世10周年纪念 / 1

第一章　早年生活 / 17

第一节　钱氏及其家训 / 19

一、吴越钱氏 / 19

二、钱氏家训 / 20

第二节　早年教育 / 23

一、小学阶段 / 23

二、中学阶段 / 25

第二章　苏州中学 / 29

第一节　在新式办学实践下收获成长 / 31

一、第一次出现在公共媒体上 / 31

二、受益于苏州中学的新式办学实践 / 33

三、第一次出现在苏州中学的刊物上 / 43

四、第一次以运动员身份出现并获奖 / 47

五、第一次在校刊上发表文章 / 48

第二节　苏州中学升学指导 / 53
　　一、清华大学招生报名考试介绍 / 54
　　二、清华大学入学考试情况 / 56

第三节　争取奖学金支持 / 61
　　一、清寒教育基金的成立 / 62
　　二、清寒教育基金资助情况介绍 / 63
　　三、钱伟长与清寒教育基金 / 65

第三章　清华大学 / 67

第一节　1931年学生录取情况 / 69
　　一、各地区考录情况 / 69
　　二、1931年前后录取标准 / 70
　　三、新生名单中的钱伟长 / 72

第二节　入学后舍文从理 / 79
　　一、物理系本科的要求 / 80
　　二、对物理系教授们的敬佩 / 82
　　三、立志科学救国 / 90

第三节　关心国家和社会 / 92
　　一、积极为抗日捐款 / 92
　　二、学生社团活动积极分子 / 94

第四节　对体育的热爱 / 97
　　一、活跃在田径赛场上 / 101
　　二、入选清华足球队 / 102
　　三、擅长越野和跨栏 / 104
　　四、清华田径队健将 / 107

第五节　开启科学探索生涯 / 110
　　一、第一次发表翻译文章 / 110

　　二、积极参与《清华周刊》撰稿等诸多事宜 / 112

　　三、致力于科学知识普及 / 114

　　四、发表数论方面的基础研究文章 / 117

　　五、文学青年钱伟长 / 118

第六节　有情有义 / 122

　　一、那些同学朋友 / 122

　　二、毕业感言 / 129

第七节　研究生学习生涯 / 131

　　一、获得两个研究院的研究生资格 / 131

　　二、参加一二·九学生运动 / 134

　　三、奠定以问题为导向的科学研究基础 / 138

　　四、获高梦旦奖学金以及科学研究经费资助 / 141

　　五、经津南下 / 146

第四章　西南联合大学 / 153

第一节　获第七届中英庚款留学资助 / 155

　　一、留学学科和报名要求 / 155

　　二、考试情况 / 158

第二节　在昆明结婚 / 159

　　一、珠联璧合，佳偶天成 / 159

　　二、岩坚泉清，宜结良缘 / 160

第三节　第七届中国物理学会年会 / 163

　　一、会议安排 / 163

　　二、会议论文 / 163

第四节　几经波折的出国之路 / 165

　　一、出发四次方才成行 / 165

　　二、滞留昆明期间坚持科学研究 / 168

第五章　留学和归国 / 171

第一节　留学北美 / 173
一、多伦多大学 / 173
二、加州理工学院 / 178

第二节　归国服务 / 182
一、不懈追求科学真理 / 183
二、爱国情怀和育人使命 / 185

第三节　迎接新中国 / 191
一、迎接北平和平解放 / 191
二、参加开国大典天安门广场庆祝活动 / 194

第四节　全身心投入社会主义建设事业 / 196
一、出任全国青联副秘书长 / 198
二、积极参加规划我国科学技术发展蓝图 / 198
三、支持抗美援朝 / 199
四、传播科学历史知识，普及科学技术文化 / 201
五、作为新中国成立后第一个大型代表团成员出访 / 204

附录一　钱伟长青年时期大事记 / 207

附录二　钱伟长青年时期生活学习工作过的地方 / 217

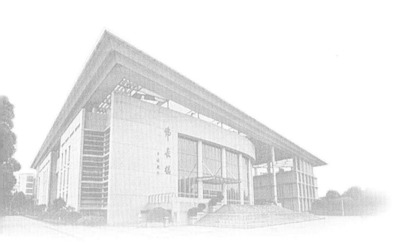

导言：寻伟长足迹　传崇高精神*

——钱伟长去世10周年纪念

* 钱伟长去世10周年即2020年时,笔者准备了这篇稿子作为纪念。文章登载于当年7月19日"上海大学"头条号。现对部分内容略作删改,把它放在这里作为本书的导言。这篇文章概述了钱伟长青年时期的成长经历,也是对本书内容的一种缩写。

上海大学钱伟长图书馆，这座以著名的科学家、教育家，杰出的社会活动家和新上海大学首任校长钱伟长名字命名的图书馆于2019年5月27日正式开放。它坐落在上海大学宝山校区东区核心位置，是一栋螺旋和错层扭转叠放的圆形柱状建筑，与校本部图书馆三角形楼体相呼应。这两种基本的几何形状，也可以理解成象征着学校在人才培养上着重于学生基础素质培养的理念。

钱伟长的一生"以国家的需要为自己的专业"，国家需要什么他就做什么。担任校长期间，他一直在思考办一所与上海这座现代化城市相称、以城市名字命名的一流大学。1994年，他亲手倡导组建新上海大学，并将上海解放纪念日5月27日确定为校庆日，充分体现了他对上海大学立校目标的要求。

钱伟长图书馆专门设有"钱伟长纪念展"，还建成了陈列钱伟长藏书为主的"伟长书屋"。除了定位于学习空间之外，图书馆充分利用这些珍藏展示钱伟长的学习、工作和奋斗经历，强化上海大学落实立德树人的责任。参观者，特别是学生能够深刻体悟到这位科学家、教育家和社会活动家如何成就自己的理想信念，成为像他自己所说的那样——"一个爱国主义者"。在钱伟长逝世10周年之际，对他成长过程的进一步了解，能够帮助学生坚定树立爱国主义的人生观价值观,也是对钱伟长最好的纪念。笔者近期收集了钱伟长在苏州中学和清华大学反映他青年时期一些活动的文献,希望展示出来以进一步完善他的成长历程拼图,更加深入地了解他的品格养成过程。材料源自历史文件和报纸杂志,内容较为客观,这也是首次尝试以这种形式来梳理钱伟长的青年成长记录。

一、钱伟长早年成长得益于社会支持

(一)江南地区的文化和教育环境提供了成长的土壤

1913年,钱伟长出生于无锡县鸿声里的七房桥。尽管家庭环境的艰难对钱伟长早年的学习造成影响,但是得益于其家族亲属,例如他四叔钱穆,以及当地的"义庄"这类慈善性组织的支持,使得钱伟长能够顺利完成小学到中学的学业。

江南的义庄创设可以追溯到范仲淹,而钱氏家族的"怀海义庄"也有500多年的历史。在较为发达的经济基础上,义庄的兴起对当地教育事业的发展起到了重要的促进作用。据记载[①],从1925年至1933年这九年间,清华大学招收学生(含插班转学)1 931人,江苏省为425人,居各省之最,河北省只有263人,两者占比分别为21.54%和13.33%。钱伟长当年入学时,江苏省有48人被录取(占总招生数222人的21.6%),河北省仅33人。

(二)获清寒教育基金会奖学金

1931年,钱伟长中学毕业后面临继续学习还是就业的选择。家庭的经济困境特别是父亲已经不在人世,迫使他自谋生路,起码要做到不能给家里增添负担。恰在这时,上海实业家、天厨味精厂吴蕴初筹办清寒教育基金会以支持学习化学和化学工程专业的大学清寒学生,每年津贴200—

---

① 本报编辑部:《国立清华大学历年招考大学本科学生录取标准》,载《清华周刊》1934年第41卷第13—14期。

300元①。4月15日,上海学者潘光旦在《青年进步》专栏撰文评论②,认为筹办清寒教育基金"是一件再好没有的事","吴先生等发起这一笔基金,是极值得我们注意赞叹的。这一笔基金似乎只预备津贴学习化学及化学工程的青年。我们希望不久有别人继起,来替他种学问上有志趣的青年寻一条出路"。奖学金第一次选拔考试于7月12—16日在上海大同大学举行,申请者约200人,完成考试的只有54人。第一批获得奖学金资助者14人均为男生,年龄最小者21岁的查云彪考入中央大学,年纪最大者25岁的方栻考入浙江大学。名单中苏州中学两名学生,即潘尚贞(23岁)和龚洪钧(22岁)分别进入浙江大学和中央大学学化学③,18岁的钱伟长不在这个名单里。但是根据上海市历史博物馆2014年编《都会遗踪》记载④,当家境贫寒的钱伟长得知有清寒教育基金后,就将自己的境况告诉了基金会。吴蕴初了解了这位家境贫困的青年经过自己的努力被清华大学、交通大学等多所高校同时录取的情况后,尽管他报考的不是化学专业,还是破例给予了清寒教育基金的奖励资助。据当年清华大学的招生简章介绍,每年学生膳食费约100元,加上书籍文具和其他费用合计200余元。这笔津贴帮助钱伟长圆了进清华大学的学习梦,他倍加珍惜这份支持。后来钱伟长有几次专门作题词便与此不无关系,例如1988年为上海天原化工厂成立60周年纪念题词,1991年7月为纪念吴蕴初先生百岁诞辰题词"振兴民族工业,为国家培养人才"。

(三)获高梦旦奖学金

研究生学习阶段,钱伟长获高梦旦奖学金。据1937年6月18日《申报》报道⑤,武汉大学张克明和清华大学钱伟长获当年高梦旦奖学金。

---

① 本报编辑部:《清寒青年求学之福音:吴蕴初发起教育基金》,载《新闻报》1931年3月13日。
② 潘光旦:《优生评论:清寒教育基金》,载《青年进步(优生月刊)》1931年4月15日。
③ 本报编辑部:《清寒教育基金一届津贴揭晓》,载《民国日报》1931年7月22日;清寒教育基金协会:《清寒教育基金协会第一次报告》,1934年。
④ 上海市历史博物馆:《都会遗踪(第14辑)》,学林出版社2014年版。
⑤ 本报:《高梦旦奖学金近讯》,载《申报》1937年6月18日。

高梦旦奖学金由商务印书馆董事会设立,其目的是奖励自然科学及社会科学之研究。奖学金获得者的遴选非常严格,申请人需曾在大学本科毕业且在国内大学研究所从事研究半年以上,还要求成绩优秀、体格健康,并提供研究计划以及导师推荐意见等,倾向于"家境贫寒或担负较重者"。当年度奖励经济学和物理学方面各一人,奖金每人500元。

（四）获中英庚款董事会协助科学工作人员项目资助

1938年,钱伟长获中英庚款董事会协助科学工作人员项目资助。据当年11月26日《申报》报道[1],这次资助分为协助和部分协助两种,其中协助地质地理、动物学、算学、物理等七个学科合计107人,物理学科有钱伟长、郭永怀、胡乾善等；部分协助10人。该项目是非常时期出台用以资助贵阳、昆明、重庆和桂林等地的科学工作人员的。在待遇上,月薪自80元起至200元不等,共分七级,每级20元。

（五）获中英庚款留学基金资助留学加拿大

1939年是钱伟长人生中重要的一年,他参加了7月23—25日的第七批中英庚款留学生选拔考试。在考试结束后的8月1日,钱伟长与孔祥瑛结婚。当天参加他们婚宴的有钱穆、顾颉刚、冯友兰、朱自清等[2],他的老师吴有训为他们主婚。婚后他们去昆明附近的宜良县小住了一段时间,四叔钱穆曾在宜良县的岩泉禅寺完成著述《国史大纲》。8月25日,考试结果发榜,有24人入选,包括物理学科郭永怀、钱伟长和傅承义3人,还有算学、教育和法学各3人,物理化学、生物化学、地理、航空工程和冶金各2人,以及药物学和兽医方面各1人。基金会已代为购定赴英舱位,通知录取各生于9月9日前集港,乘驶由港放洋之大英轮公司邮船出国[3]。后来由于欧战爆发,不能如期前往英国,他们被临时安排在学校或机关研究实习,并指定了导师。再后来经过研判和协调决定改派赴北美,在国内研究

---

[1] 本报:《中英庚款董事会协助科学工作者》,载《申报》1938年11月26日。
[2] 章玉政、刘平章主编:《刘文典笔下的日本》,合肥工业大学出版社2012年版。
[3] 本报:《中英庚款会本年招考留英公费生揭晓》,载《前线日报》1939年8月27日。

一年后即1940年8月由上海乘船赴加拿大留学①。

二、三次考学经历

（一）考入苏州中学

据《申报》1928年8月7日发布的首批录取新生名单②，钱伟长排在苏州中学高中普通科一年级自然科学组正取名单第三十九位（正取名单按报名先后顺序排列）。同年录取高一学生的还有文史地组、师范科，高二年级有插班生5人。苏州中学是一个完全中学，初中部也招收一年级新生和二年级插班生。高中部及乡村师范9月3日起办理入学手续，5日开学。

当年苏州中学高中部跨苏、浙、皖、鲁、闽五省计划招收学生130人，后来招收了三个普通班136人。参加考试的学生合计326人，其中绝大部分为本省人。在无锡的23名考生中合计录取6人，考生数和录取人数都居省内第四，排在前面的分别是吴县、常熟和吴江三县③。钱伟长是无锡县内被录取的6人之一，他自己说是年级最后一名录取者。

苏州中学的学习环境使钱伟长深受益处，也为他今后的成长奠定了基础。苏州中学由江苏省立一师、省立二中等几所学校合并组建而成。1927年，汪懋祖辞去大学教授职务并出任苏州中学首任校长。他是美国著名教育家、哥伦比亚大学杜威教授的学生。在其主政期间，聘请了陈去病、钱穆、吕叔湘、吕思勉等一批国内知名学者到校任教，力求将苏州中学办成学术化的学校；他还重视学生自治、自学、自研、社交和演讲能力的培养④。

---

① 本报：《中英庚款学生赴加拿大》，载《中国商报》1940年8月15日；本报：Chinese Boxer Fund Students Plans，载 The Shanghai Times 1940年8月16日。
② 本报广告：《中央大学区立苏州中学录取新生》，载《申报》1928年8月7日。
③ 本刊：《本校十七年度秋季招生考生县籍统计》，载《苏中校刊》第10期，1928年10月1日；本刊：《各校各级学生数统计表》，载《苏中校刊》第11期，1928年10月16日。
④ 顾明远总主编：《中国教育大系——历代教育名人志》，湖北教育出版社2015年版。

（二）考入清华大学

1931年7月16日，钱伟长参加了在上海徐家汇交通大学举行的清华大学入学考试。考试科目共计七门，其中党义、国文、英文、本国历史地理和代数几何平面三角这五门为必考科目，高中代数解析几何、物理学、化学、生物学和世界历史地理这五门为选考科目（任选两门即可）。国文科目的命题作文选题为本试场记、钓鱼、青年和大学生之责任四题，任做一题即可，使用文言文、白话文均可。本国历史地理科目共计9道题，历史5道必答，地理4道选答3题，其中第一题就是"二十四史的作者和注者"。由于本国历史地理科目的难度大，考生成绩都低于90分，且80—89分之间的也仅有6人。党义和生物学也如此，考分都低于90分；世界历史地理成绩更是连80分以上的都没有。从考试科目设置看，文科学生必须选考理科科目，理科学生则可以不选考文科科目。在1 463名考生中，有743人选择世界历史地理作为考试科目，说明超过半数的学生偏重文科基础。录取新生中考这门科目的有42人，占比为23%弱。当年一年级新生录取分数有两点要求，一是各科总平均成绩在54分以上，二是要求国文、英文、算学三门平均成绩在49分以上[①]。

钱伟长列于一年级184名新生名单的第十六位，当年考入清华大学的苏州中学5名学生中他排在前面，在所有江苏（含上海）录取学生中他排在第三位。《消夏周刊》这样记载：钱伟长，18（岁），江苏无锡，苏州中学。当年和钱伟长一起位列首批名单考入苏州中学的殷炎麟（文科）和陆大年（理科），又成了清华同学。陆大年是去学经济，而殷炎麟后来成为华东师范大学英语语言文学教授。有人对钱伟长的满分成绩表示质疑[②]，认为从成绩统计看，他本国历史地理这科应该不是满分，"历史满分"的说法应该是指"二十四史的作者和注者"这一道题目。尽管如此，单就录取名单排

---

① 清华大学：《录取新生一览表》，载《消夏周刊》第5期，1931年8月11日。
② 张铭雨：《民国时期清华学人"破格"录取的历史考察》，载《光明日报》2019年9月2日。

位看,至少说明钱伟长的成绩表现确属优异。

(三) 考取研究生

1935年清华大学毕业后,钱伟长同时考取了中央研究院和清华大学的研究生,都是物理学科。

据《国立中央研究院二十四年度总报告》记载,中央研究院物理研究所1935年度在全国公开招收第一届研究生,"在南京、北平、上海三处举行研究生考试,共录取四人,为钱伟长、曹友信、陈哲人及高叔哿,除钱伟长未来报到外,余均按期入所"[1]。除钱伟长外的三位后来都去了美国。陈哲人主攻激光研究,1947年底赴美深造,后成为著名的物理学家,在加州理工学院与美国太空总署合办的"太空喷气推进实验室"任特级研究员。高叔哿是高梦旦的幼子,后来成为天体物理学教授。晚年他的夫人严倚云(严复的孙女)和他一道捐出多年积蓄43万美元,在西雅图华盛顿大学设立了"严复翻译奖学金"和"严复奖学金基金",促进中国文化和中国文学在海外的影响和交流。

钱伟长选择继续在清华大学理科研究院物理学部攻读研究生。当年清华研究院招收20名研究生,文科人数10人达半,理科研究所含物理和化学两个学部招收7人,法科只有3人[2]。物理研究生只有2人,除钱伟长外,另一人是彭桓武,后来成为"两弹一星"功臣。彭桓武是湖北麻城人,比钱伟长小一岁。他由北平大同中学考入清华大学后,与钱伟长成为本科同班同学,在当年的一年级新生名单上排名第九位。

三、以解决实际问题为目标

钱伟长注重解决实际问题的学术思想,除了在多伦多大学和加州理

---

[1] 国立中央研究院文书处编:《国立中央研究院二十四年度总报告》,国立中央研究院总办事处,1935年。
[2] 本刊:《1935年度研究生院新生名单》,载《国立清华大学校刊》第676号,1935年8月22日。

工学院期间受到导师辛吉(J. L. Synge)和冯·卡门(T. von Kármán)的哥廷根学派思想影响外，在更早的时期也得到此类训练。注重解决实际问题的学科特点，也是钱伟长学习物理学的一个原因。他在接受记者采访时说要学制造飞机大炮，这也是比较接近的专业。按照钱伟长的回忆，中学的时候他完成了自己的第一篇科学论文《春秋日蚀考》。实际上，1931年夏钱伟长还在《苏中校刊》上发表了一篇物理论文《二种特殊滑车的机利》[1]，这是目前查询到的他最早的论文。文章分别讨论了动滑轮组和静滑轮组的"机利"或者说是力比，即抵(抗)力与主力之比，得出两个机利公式。汪懋祖校长在为这期专刊撰写的弁言中说："科学救国之声浪，弥漫全国。一般观念，以吾国经济落后，归根于科学之不发达。"

注重联系实际是清华大学物理系的要求。1931年，时任物理系系主任吴正之(吴有训)教授执笔撰写的《物理学系概况》介绍道，本系自最浅至最深之课程，均注重于解决实际问题及实验工作，力矫现时高调及虚空之弊。大学一、二年级功课为本系基本课程。有志入本系者，应特别留意[2]。当年招生简章也强调，录取新生入校后，选考物理、化学或生物各科者应受甄别试验，并须缴验以前所做实验记录。

正像钱伟长自己说的那样，物理系很难进也很难学。清华大学当年本科学程一览中关于物理系选课规则有五条具体要求，本系课程要求50学分，实验要求至少12学分，可见实验的重要性。由于物理系课程重，选课规则要求本系学生应选修之学程及其在各学生分配之分量，随各人之趣向及需要而定，拟入本系者应先与本系系主任面商，以便拟定将来选修之程序。选课规则还明确"选修大学普通物理的条件：凡入数理化及工程各学系的学生，均须必修本系所开的大学普通物理，但是学习该学科者，必须入学考试的物理分数在六十分以上。否则须受甄别试验，及格的可以注册，

---

[1] 钱伟长：《二种特殊滑车的机利》，载《苏中校刊》第53—54期合刊，1931年。
[2] 本刊：《民国二十年国立清华大学招生简章》，载《清华周刊》1931年第35卷第11/12期。

不及格的须补读高中物理"。选课规则还特别指出:"凡大学普通物理之全年成绩不及中等者,不得入物理系。"① 正是因为这样的高要求,入学考试总分高但物理成绩不理想的钱伟长是花了不少功夫才得以在物理系试读的。前面提到的中学物理基础,也为他顺利达标并正式转入物理系提供了帮助。钱伟长在吴有训100周年诞辰纪念文章中写道,"吴老师非常重视实验的培养"。他也讲到吴有训当年说服班上的"状元"同学陈新民转学化学的故事,因为吴有训"认为他在化学上更有潜力"。陈新民在1935年和钱伟长同年考入清华大学读研究生,他攻读化学,后来陈新民在化学上的贡献果然很大。但吴有训没能说服文科优秀的钱伟长学历史,而是反被他说服。

在清华大学的这段时间,钱伟长在叶企孙、吴有训等老师的指导下更加注重解决实际问题。从大学三年级第二学期开始,钱伟长在叶企孙教授的指导下,与同学顾汉章一道进行实验测定,分析大气电密度和风向、风速、湿度以及天气间的定量关系。经过数月夜以继日地工作,完成了本科毕业论文《北平大气之导电系数》,包括众多数据和几十张图表。1935年9月3日,钱伟长参加在青岛山东大学召开的中国物理学会第四届年会,并宣读了他们的这篇论文。这次会议宣读论文42篇,作者大都是学界名家,其中作者单位为清华大学的有12篇,是参会单位中宣读论文最多的②。

四、学术写作得益于深厚的文字功底

钱伟长对科学探索的兴趣在青年时期得以不断深化。如前所述,钱伟长在中学期间就探考日食,还发表了关于滑轮组功效的科学小论文。就读清华大学本科期间,钱伟长在科学论文上笔耕不辍。当时的清华大

---

① 吴有训:《清华大学各学院概况:理学院概况——物理学系》,载《消夏周刊》1931年第7期,1931年9月6日。
② 吴翠苹:《中国物理学会研究(1932—1936)》,华中师范大学2015年硕士学位论文。

学对学生要求甚为严格，以他自己所在的1931年入学学生为例，当年入学注册新生221人，但到了1935年，毕业生人数仅为143人[①]，其中应该还包括各年级转学进入清华大学的学生；而物理系1931年入学14人，到1935年毕业时仅剩下7人（当年毕业生为10人）。

繁重的课程和实验，需要他花费大量精力去完成。尽管如此，钱伟长还长期担任《清华周刊》的校内特约撰稿人，这个撰稿人名单上还有季羡林、林家翘、陈新民、费孝通、许世瑛等人。在清华大学本科学习的这段时间，钱伟长差不多每年都有文章发表。1932年10月8日，他在《清华周刊》发表译文《方程式之代数解法》[②]。这篇论文是福克斯(H. O. Foulkes)的第三篇论文，是一篇综合性介绍性的文章，主要介绍代数方程根问题以及伽罗华理论等相关方法。原作者福克斯比钱伟长大六岁多，他后来成为英国威尔士斯旺西(Swansea)大学高级讲师，1932年发表这篇文章的时候他还是威尔士塔尔博特港县立中学教师，兼授数学和物理课程。钱伟长与福克斯在这方面有着类似的经历，也都多次获得奖学金；为了能够筹措转移到昆明的路费，1938年钱伟长在天津英租界耀华学校担任了半年多的物理老师。

1933年4月5日，钱伟长在《清华周刊》发表《零原子序数》一文。次年5—8月，分三部分在《科学世界》连续发表文章《关于太阳的一切》（未完、一续、续完）一文[③]。其中5月16日，钱伟长还在《清华周刊》发表《数字之排列和》一文。他和同学顾汉章在1934—1935年一起完成的那篇论文

[①] 清华大学校史研究室：《清华大学史料选编（第2卷）·国立清华大学时期（1928—1937）》，清华大学出版社1991年版。

[②] 钱伟长译：《方程式之代数解法》，载《清华周刊》第38卷第2期（451号），1932年10月8日；本刊：《清华周刊社职员表》，载《清华周刊》第41卷第1期（576号），1934年3月26日。

[③] 钱伟长：《零原子序数》，载《清华周刊》第39卷第4期，1933年4月5日；钱伟长：《数字之排列和》，载《清华周刊》第41卷第8/9期，1934年5月16日；钱伟长：《关于太阳的一切》，载《科学世界》第3卷第5期，1934年5月15日；钱伟长：《关于太阳的一切（一续）》，载《科学世界》第3卷第7期，1934年7月15日；钱伟长：《关于太阳的一切（续完）》，载《科学世界》第3卷第8期，1934年8月15日。

《北平大气之导电系数》没有发表,在日寇占领清华大学时丢失了①。

钱伟长攻读研究生学位期间时局动荡,他积极参加抗日救国运动,努力完成学业,还筹集盘缠转移到昆明并准备中英庚款资助项目的考试。尽管如此,他先后在《中国物理学报》上发表了三篇论文,分别是1937年的 The Spectrum of Doubly Ionized Calcium (Ca III)(《二度游离钙之光谱之分析》),1939年的 Analysis of the Spectrum of Singly Ionized Cerium(《铈之游离光谱之分析》)和 Highly Ionized Potassium and Calcium Spectra(《高度游离钾及钙之光谱》)②。

五、成为全面发展的人

钱伟长提倡的人才培养理念,是要培养全面发展的人。他一生爱好运动,晚年北京的家里一直放有一辆室内锻炼的自行车。这辆自行车现存放于钱伟长图书馆的伟长书屋。上海大学要求本科生通过游泳考试才能毕业。这样的规定是钱伟长担任校长的时候特别提出来的,这也与他年轻时候的成长经历相关。

早年他在苏州中学读书的时候,就参加了1931年春季学校运动会并获得400米和800米两项季军以及跳远第四名③。这种中距离运动项目既具有短跑的急速冲刺性也兼有长跑的耐力性压力,是比较难于练习的,钱伟长恰好在这方面很擅长。

进入大学后,每年的运动会上都少不了他的运动身影。据《清华周刊》记载,在1932年4月27日清华大学运动会上,钱伟长作为运动员参加了比赛。运动会上钱伟长充分发挥自己的优势,奋力夺取了400米、三级

---

① 钱伟长:《钱伟长文集(上)》,上海大学出版社2013年版。
② Tsien, Wei-Zang. The Spectrum of Double Ionized Calcium (Ca III). *Chinese Jornal of Physics*, 1937, 3(1); Tsien, Wei-Zang. Analysis of the Spectrum of Singly Ionized Cerium. *Chinese Jornal of Physics*, 1939, 4(1); Tsien, Wei-Zang. Highly Ionized Potassium and Calcium Spectra. *Chinese Jornal of Physics*, 1939, 4(1).
③ 本刊:《本校运动会各项运动成绩优胜者姓名及成绩表》,载《苏中校刊》第51/52期合刊,1931年4月1日。

跳和跳远三项亚军。当天上午雨后春容"清而且丽",午后转而刮起了大风,下午的比赛他因此受寒抽筋①。

1934年6月,钱伟长参加北平国立清华大学、师范大学、北京大学和私立燕京大学、辅仁大学等五大学联合举办的春季运动会,并在中栏项目中获得第三名,为清华大学夺得锦标作了贡献②。次年4月27日,钱伟长在清华大学运动会上以1分8秒8的成绩一举获得400米冠军,此外还获得800米第三名和高栏亚军。钱伟长作为清华大学田径队的一员,在马约翰和夏翔教练带领下获得6月份北平五大学田径赛冠军③。在1984年出版的《北京体育文史》中记载,北平五大学的田径运动会上,清华大学历年表现都不错。相比之下,北京大学运动成绩比较差,体育远不如其他四校,而且很少参加田径运动会,所以有人戏称"每次田径运动会实际上是四大学不是五大学"④。

拥有社会责任感和爱国情怀。钱伟长秉承"祖国的需要就是我的专业"的理念。他时常自嘲,"有人说我是'万能科学家'"。这实际上是想表达一种对国家的情怀,希望解决国家建设中的实际问题。晚年,钱伟长认为上海大学学生不仅要尊崇"自强不息"的校训,还要秉承"先天下之忧而忧,后天下之乐而乐"的精神,要求学生要多为国家着想、为国家做事。

还是在苏州中学读书的时候,1929年《苏中校刊》记载⑤,钱伟长参加高中紫阳市公安课会议,会议有张一勇老师和屠达等13位同学参加,主要

---

① 本刊:《七级运动会志盛》,载《清华周刊》第37卷第9期,1932年4月29日。
② 本报:《北平五大学春季运动会》,载《时报》1934年6月14日。
③ 齐家莹编著:《清华人物》,作家出版社2001年版。
④ 本刊:《国立清华大学第二十四年运动会》,载《国立清华大学校刊》1935年4月28日特刊;齐家莹:《重视体育 学生受益——获得殊多荣誉的清华体育》,载《清华人物》,作家出版社2001年版;北京市体育文史工作委员会:《北京体育文史》,北京出版社1984年版。
⑤ 本刊:《校闻:高中紫阳市公安课会议记录》,载《苏中校刊》第25期,1929年11月16日。

是关于近期电影开映的秩序管理、学校厨房卫生等问题,一方面请大家积极参与维持秩序,另一方面也落实函请事务处购买足够的苍蝇拍等工具以保障厨房卫生。

1932年2—3月,清华大学师生积极响应慰劳奋勇拒敌的驻沪第十九路军,多次捐款。除了教职员工外,学生也紧跟响应。据当年3月14日《国立清华大学校刊》"附录"公示的信息,除了杨武之、陈达、叶企孙、周培源等教师外,还有陈省身(研究生)、季羡林、钱锺书和钱伟长等学生也积极捐款,学生捐的有1元或0.5元。除了个人捐款外,团体捐款更多①。

积极参加学生运动。1935年3月26日《益世报(天津版)》报道②,"钱伟长等112人发通告开除李斯彦级籍"以表达对学生会在管理上合法性的质疑。《清华大学志》记载,1935年12月25日,清华大学高葆琦、凌松如、钱伟长等20人组成清华自行车队赴南京,沿途在天津、沧县、济南等地进行抗日宣传,翌年1月13日到达南京,16日被军警押回北平。可见钱伟长在一二·九运动中表现也很积极。1936年11月11日,钱伟长等人参与发布声明,要求停止国难期间西乐会在校大礼堂的西洋艳舞演出。声明说道,"同人等慨以国难严重,我青年学子身处危城,含垢忍辱,尚不知命运之所届,正宜卧薪尝胆、奔走呼号,以期有所匡救于万一,焉能不才不肖若此"③。

---

① 本刊:《附录:万鸿开启示》,载《国立清华大学校刊》第381期,1932年3月14日;王兆成:《历史学家茶座》(2008年第3辑,总第13辑),山东人民出版社2008年版。
② 本报:《清华风潮内部纠纷多》,载《益世报(天津版)》1935年3月26日。
③ 方惠坚、张思敬主编:《清华大学志(下册)》,2001年;本刊:《严重警告西乐会主事》,载《清华副刊》第45卷第5/6期,1936年11月。

第一章　早年生活

读经传则根柢深,看史鉴则议论伟;
能文章则称述多,蓄道德则福报厚。

——钱氏家训

第一节　钱氏及其家训

一、吴越钱氏

1913年10月9日,钱伟长出生于江南无锡县鸿声里,今无锡市新吴区鸿山街道七房桥村的一个贫穷的乡村知识分子家庭。

父亲钱挚,饱学穷儒;四叔钱穆,就是后来有名的国学大师。

钱家祖居这里,从族谱上追溯,算起来钱伟长应该是五代时吴越王钱镠(谥武肃)第三十四世孙[①]。1994年7月15日,钱伟长为杭州临安钱王祠题写匾额时,即落款"三十四世孙钱伟长恭题"。

在江苏无锡惠山,有民国年间迁居无锡后裔重建的武肃王分祠大堂。该祠堂重建于1928年,由两支后裔即湖头支钱伯圭和堠山中丞支钱守恒等共同操办完成。其中钱伯圭为钱临照、钱令希兄弟的父亲,也就是钱穆在果育小学的体操和政治启蒙老师。钱守恒为复建祠拟就了一副楹联:"西临惠麓,东望锡峰,祠宇喜重新,吴越五王,亿万年馨香俎豆;派衍梁

[①] 钱汉东:《钱汉东散文随笔选》,上海辞书出版社2013年版;青山湖志编纂委员会编、蔡涉主编:《青山湖志》,汉语大词典出版社1998年版。

溪,源分浙水,云礽欣愈盛,埭湖两系,千百岁华赀簪缨。"这副联语用十分精练的语言,清楚地说明了无锡钱氏的发源:上联中的"五王",即五代十国时吴越国自钱镠而下的三世五王,是为江南钱氏所公认的始祖;下联是说无锡钱氏源自浙江,自宋时传入无锡后,乃有湖头和埭山两大支不断繁衍生息。钱王六世孙晋宗公,是湖头钱氏始祖;钱穆、钱伟长叔侄,经济学家、教育家、中国科学院院士钱俊瑞,雕刻家、画家、书法家、中国国家画院雕塑院前院长钱绍武等就是这支的后裔。另一支是埭山钱氏,作家钱锺书、部队将领钱树根等乃此支后裔①。

对于江南一带这种代代相传的文化创造和作为,时任浙江省委书记的习近平在《浙江文化研究工程成果文库总序》②中,列举出浙江历史上众多的文化名人的姓名,专门点提了吴越钱氏的贡献。转任上海市委书记后不久,2007年4月6日下午,习近平专门来到上海大学,看望第六至第九届全国政协副主席、民盟中央名誉主席钱伟长。习近平与钱伟长亲切交谈,关切地询问其身体和生活情况,称赞他为中国改革开放事业和上海发展作出的贡献,并祝他健康长寿③。

二、钱氏家训

2009年4月18日,国务院总理温家宝在海南博鳌会见了出席博鳌亚洲论坛2009年年会的台湾两岸共同市场基金会最高顾问钱复一行。交谈中,温家宝总理特别引用了《钱氏家训》中的"利在一身勿谋也,利在天下者必谋之",并称赞钱氏家族"出了很多名人,包括文学家、科学家、政治家、外交家"。

---

① 刘桂秋:《无锡时期的钱基博与钱钟书》,上海社会科学院出版社2004年版;高涛:《国学之花次第开——钱基博与钱氏家风》,大象出版社2016年版;《钱氏湖头宗谱洛社钱巷支》,2007年2月。
② 陈永昊主编:《浙江文化研究工程概览1》,研究出版社2006年版。
③ 《习近平看望董寅初钱伟长谈家桢三位党外老同志》,中央政府门户网站,2007年4月7日,http://www.gov.cn/gzdt/2007-04/07/content_574632.htm。

备受领导人和社会称赞的钱氏家族,为什么人才辈出? 最重要的原因是重视教育、志存高远、勇于担当、富有社会责任感。"利在一身勿谋也,利在天下者必谋之。"意思是说,当某件事只对你一个家庭有好处、对你自己有好处时,就不要动心思,若是对天下有好处、对国家有好处,就要全力以赴。这些做人的道理,在《钱氏家训》里列得清清楚楚,也深深印刻在钱家各代后人心里。2021年6月10日,国务院公布了第五批国家级非物质文化遗产代表性项目名录,"钱氏家训家教"成为第一个国家级家训非遗项目。正如钱王后人钱汉东先生所说[1]:

> 《钱氏家训》具有三大核心价值:"善事国家、重德修身、崇文尚学"。这三大核心价值成为钱氏世代人才辈出的文化基因。近代的钱氏杰出人物,不少在国内受到良好的传统文化熏陶,又到西方接受现代科技文明的教育,具有一流的眼界、开阔的胸怀。他们站在世界科技创新的前沿,引领着世界科技发展的潮流,同时又脚踏实地,百折不挠,为人类科技文化的进步作出了伟大的贡献。据不完全统计,海内外钱氏院士有200多位,分布在全世界50多个国家,几乎每个领域都有钱氏杰出人物,这令世人赞叹。

钱家子弟的成长,离不开《钱氏家训》的教育作用。这里摘列《钱氏家训》的内容如下[2]:

> **个人** 心术不可得罪于天地,言行皆当无愧于圣贤。曾子之三省勿忘。程子之四箴宜佩。持躬不可不谨严。临财不可不廉介。处事不可不决断。存心不可不宽厚。尽前行者地步窄,向后看者眼界

---

[1] 钱汉东:《〈钱氏家训〉列入国家非遗:"第一个"的背后,说明什么?》,上观新闻,2021年7月17日,https://export.shobserver.com/baijialiao/html/384889.litml。
[2] 孙云晓:《习惯养成有方法》,浙江文艺出版社2016年版。

宽。花繁柳密处拨得开，方见手段。风狂雨骤时立得定，才是脚跟。能改过则天地不怒，能安分则鬼神无权。读经传则根柢深，看史鉴则议论伟。能文章则称述多，蓄道德则福报厚。

家庭 欲造优美之家庭，须立良好之规则。内外门闾整洁，尊卑次序谨严。父母伯叔孝敬欢愉。妯娌弟兄和睦友爱。祖宗虽远，祭祀宜诚。子孙虽愚，诗书须读。娶媳求淑女，勿计妆奁。嫁女择佳婿，勿慕富贵。家富提携宗族，置义塾与公田；岁饥赈济亲朋，筹仁浆与义粟。勤俭为本，自必丰亨，忠厚传家，乃能长久。

社会 信交朋友，惠普乡邻。恤寡矜孤，敬老怀幼。救灾周急，排难解纷。修桥路以利人行，造河船以济众渡。兴启蒙之义塾，设积谷之社仓。私见尽要铲除，公益概行提倡。不见利而起谋，不见才而生嫉。小人固当远，断不可显为仇敌；君子固当亲，亦不可曲为附和。

国家 执法如山，守身如玉，爱民如子，去蠹如仇。严以驭役，宽以恤民。官肯著意一分，民受十分之惠。上能吃苦一点，民沾万点之恩。利在一身勿谋也，利在天下者必谋之；利在一时固谋也，利在万世者更谋之。大智兴邦，不过集众思；大愚误国，只为好自用。聪明睿智，守之以愚；功被天下，守之以让；勇力振世，守之以怯；富有四海，守之以谦。庙堂之上，以养正气为先。海宇之内，以养元气为本。务本节用则国富；进贤使能则国强；兴学育才则国盛；交邻有道则国安。

据钱家人介绍，直到今日，钱家人有重要集会，大多会一起诵读《钱氏家训》。

第二节　早年教育

一、小学阶段

钱伟长在年少时期,由于老宅连遭火灾,全家只得搬迁到荡口镇上租住在仓河北街92号。这是一座晚清无锡地区水乡民居建筑,三间三进,砖木结构。1915—1928年钱伟长住在这里,并在东岳庙小学、司署弄小学、后宅小学、鸿模小学学习,后来是到无锡上初中。

启蒙后,钱伟长跟着四叔钱穆到荡口镇复盛桥东岳庙的初小读书,后来又跟着四叔和父亲在几所学校学习。由于经常转学,所以钱伟长这一阶段的学习没有多少知识的连贯性,加之民国初期各校开课差异很大,辗转所学的东西都不完整。根据他自己的回忆,特别是数学科,基础是不牢的。后来初中阶段,他先后在荣巷公益学校、无锡国学专修馆、无锡县立初中等三个学校读书。这时期兵荒马乱,家里也受到了不少损失。这些困难,无疑给年少的钱伟长造成了影响,他也不得不思考在初中之后到底应该做什么。

根据钱伟长回忆,早年常和他交流的有四叔钱穆、六叔钱艺,以及比他大七岁的八叔钱文。小时候他经常围绕在八叔周围,实际上八叔成了他的"家庭教师"。八叔也是很有才气的,经常在报纸杂志上以"别手"为别名发表文章,是钱伟长心中的偶像。钱伟长每周都要按照父亲钱挚的要求撰写两篇作文,这样,顺其自然,八叔就成了他的作文老师,给他批改作文①。

民国时期,江南的义学,就是义庄和宗祠举办的学校,在人才培养上仍然是重要力量。在苏州、无锡一带,义庄是一种比较典型的文化组织形式。北宋范仲淹在其家乡苏州吴县置义田、建义庄,救恤族人,此为义庄之始。明清时期,江南地区的义庄得到进一步发展。义庄主要有三大功能,即祭祀祖先、救济孤贫、兴办教育;后来,兴办教育的功能愈来愈重要。沿泰伯渎支流啸傲泾而居的钱氏家族早在乾隆年间就置义庄,兴义学,鼓励族人读书习业。七房桥钱家设有怀海堂、清芬堂、宏远堂三座祠堂,在祠堂内开设了怀海、清芬、宏远三所义庄。尽管要晚于鸿声里,但后来居上。其中创设最早、规模最大的为怀海义庄,五世同堂祖钱绍霖曾入主怀海义庄,在原有义庄的基础上扩大其规模,并在此负责续修宗谱。

钱伟长的父亲钱挚(1889—1928),原名恩福,字声一。在常州府中学读书时深得校长屠宽的器重,任师范班班长。常州府中学也就是常州府中学堂,由常州知府许星壁、士绅恽祖祁等发起成立于清光绪三十三年(1907),屠宽任监督即首任校长。屠宽早年留学日本,追随孙中山并参加同盟会。学成归国后曾一度在天津师范当教务长,后来还做了清廷江苏省咨议局议员。屠宽思想进步,在校宣传革命思想,团结进步师生。对人才培养也有自己的思路,倡导课程改革,还专门设有军训课程(兵式操)并专门给学校配置120杆火枪。他召集一批志士经常商议要联合革命党,推翻清室统治。其父亲屠寄也是在秘密致力于组织革命团体,时常安排人来府中学堂受训。后来,他们父子在整个常州光复过程中起到了主要作用②。

---

① 钱伟长:《八十自述》,海天出版社1998年版。
② 江苏省常州市天宁区志编纂委员会编:《天宁区志》,方志出版社2003年版。

钱挚读书勤奋，成绩优秀，以第一名毕业。诸师长同学竞相为他介绍教职，他皆辞去，执意回家乡侍奉老母，也服务乡里。钱挚返回老家后，在清芬、宏远、怀海三所义庄的支持下，创办小学并出任校长，免费接纳族中子弟入学，致力于家族教育。因校舍设在鸿议堂隔壁的"又新堂"内，故名又新小学。后又新堂失火被毁，遂迁至怀海义庄内。钱挚既要主政又新小学事务，还要致力于族中事务，泽被故土，声誉日隆，七房桥全族祥和之气又复再现。钱家兄弟情深意笃。钱挚喜音乐，擅长多种乐器，尤擅琵琶与笙。四弟钱穆在常州府中学堂随童伯章学昆曲，喜箫笛。三弟钱艺好笛。幼弟钱文能拉一手好二胡。寒暑假在家，兄弟四人常合奏为乐，母亲和族中兄妹常围聚欣赏。钱挚还能指挥锣鼓，每逢春节，鸿议堂锣鼓喧天，皆由其指挥。

二、中学阶段

1926年8月，钱伟长入无锡国学专修馆就读[①]。次年3月21日下午，北伐军抵达无锡，学校停课。当时在无锡开原乡一带开展农民运动的徐梦影作为共产党代表，担任国民党无锡县党部宣传委员，后被推举为教育委员（即教育局局长）。徐梦影随即组织群众，接收当地教育的管理工作，无锡国学专修馆也是这次改组学校之一。不过，这些革新举措受到当时反动和落后势力的极力反对。四一二反革命政变后，徐梦影到上海躲避，不幸因叛徒出卖而牺牲。徐梦影是大革命时来到上海，进入上海大学学习，并于1924年在该校参加中国共产党。他是受王若飞、恽代英等领导同志派遣回到无锡开展工作的[②]。

学校停课后，入学不到一年的钱伟长即随父亲钱挚转学到无锡县立初中就读。某种程度上，这也是钱伟长和上海大学之间的一种联系了。

[①] 陆阳：《唐文治年谱》，上海三联书店2013年版。
[②] 无锡地方志编纂委员会办公室、无锡县志编纂委员会办公室编：《无锡地方资料汇编（第7辑）》；田晓明主编：《苏州大学大事记（1900—2012）》，苏州大学出版社2015年版。

当时的国学专修馆由唐文治主政,主要讲授四书五经、宋明理学、桐城派古文、旧体诗、唐集、说文、通鉴和先秦诸子。这段学习生活虽然不长,但唐文治讲授古文的方法,他的桐城诵读法,给钱伟长留下了深刻的记忆,钱伟长后来经常提起。

这段经历教会了他做学问要去寻找事物之间的联系。80年代初,钱伟长在内蒙古的一次报告[①]中说,"科学就是要讲关系的,要讲数学、物理之间的关系,物理、化学之间的关系。这是事物发展最重要的方面,互相影响,才能往前发展。我们很容易泡在自己的小范围里,其实各学科之间都有关系。自然科学、文科、法科都有关系。我小时候学过文科,在十二三岁时上过国学专修科。我的老师是唐文治,他是桐城派的最后一位老师,他是瞎子。他讲学的办法就和吴有训的办法一样。他讲古文是很讲究念的。他说:念书使你产生感情。你念熟了以后就能用语气来表达感情,就会把感情融合到文章里去,也就会对这个文章加深理解"。唐文治就是注重讲当时的社会背景、人与人之间的关系。钱伟长认为他的讲学方法是对的,即通过他的认识、他的思想,把内容讲出来。钱伟长还记得他讲欧阳修写的《醉翁亭记》时专门讲了欧阳修写作时的情况。欧阳修的原稿一开始写了一大片描述,东南西北各有什么山、什么风景,讲了一大套,最后才讲到醉翁亭。后来欧阳修进行多次修改,最后才改成"环滁皆山也",就是说滁州周围全是山,全包括进去了,把不少字全删掉了。唐文治就是教育学生写文章应该简练。钱伟长印象很深刻的,说这篇文章很有名,最有名的是第一句,唐文治就只讲这一句,其余的叫学生自己去念。

钱伟长说,唐文治有眼疾,讲课从来不看书。讲范仲淹的《岳阳楼记》时,唐文治说范仲淹没有到过岳阳楼,但是有人请他写一篇文章,这就很

[①] 政协内蒙古自治区委员会、中国民主同盟内蒙古自治区筹委会编:《费孝通钱伟长在内蒙古的学术报告》,内蒙古人民出版社1983年版。

困难了。他虽然没有到过洞庭湖,但他去过太湖,他可以从太湖的形象去写洞庭湖,因此他用想象写出来了。可是他就不写这座楼。以后又讲他对北宋官僚统治的牢骚,讲他的名言"先天下之忧而忧,后天下之乐而乐"等等。这个时期,钱伟长深受影响,以至于晚年,他总结自己在教育上的理念和实践,认为上海大学在人才培养上,除了要求学生"自强不息"外,还要有"先天下之忧而忧,后天下之乐而乐"的精神,这样形成人才培养的最终目标就是要为国家、为人民。

钱伟长认为,唐文治讲古文和他后来在清华读书时候的老师吴有训讲物理,他们的方法是相同的。讲书不应该只讲具体的知识,这些是学生很容易懂的,应该讲重大的概念,讲看法[1]。

1927年初,无锡县立初中成立,钱挚受聘任教务主任兼授中国历史。钱伟长也随父进县立初中就读。是年,北伐胜利,江苏的北伐军占领了无锡,县立初中关闭,钱挚再次回到荡口。

父亲钱挚年长四叔钱穆六岁。自爷爷去世后,一家子的事情都由父亲与奶奶操心。四叔念书,还有两个幼叔都念完了中学,父亲还为他们操持婚姻大事,不啻一家之长。族人和亲戚都知道他们家是父亲钱挚扶持四叔钱穆,四叔扶持小叔他们。四叔钱穆对于兄长的帮带、扶持之恩,铭记于心,终生难忘[2]。

1928年夏秋之交,四叔钱穆的夫人和新生婴儿相继去世。钱挚正在无锡荣巷中学任教,闻讯后立即归家为弟料理后事。因操劳过度,再加上早已积劳成疾,钱挚不幸溘然长逝。两月之间,钱家连遭三丧,这对家人来说无疑是巨大的打击。钱穆曾这样写道:"妻孥哭未已,兄死方余恸","儿殇妻殁,兄亦继亡,百日之内。哭骨肉之痛者三焉。椎心碎骨,几无人

---

[1] 政协内蒙古自治区委员会、中国民主同盟内蒙古自治区筹委会编:《费孝通 钱伟长在内蒙古的学术报告》,内蒙古人民出版社1983年版。
[2] 印永清:《钱穆》,河北教育出版社2003年版。

趣"①。这是他当时悲痛之心的真实写照。钱挚遗有手圈明版《资治通鉴》一部,钱穆常携以自随。钱穆还搜集钱挚遗诗300余首,编印一集,分赠平日友好及从学弟子,以资悼念。这个时候,钱伟长刚入学苏州中学不久。他经受住了这个沉重的打击,在四叔钱穆的指导和帮助下,加上族人的关照,逐渐走出悲痛并致力于搞好学业。

---

① 印永清:《钱穆》,河北教育出版社2003年版。

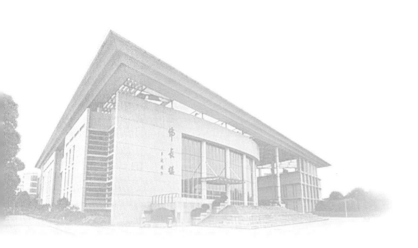

第二章 苏州中学

先天下之忧而忧,后天下之乐而乐。

——范仲淹

第一节　在新式办学实践下收获成长

一、第一次出现在公共媒体上

(一) 位列1928年苏州中学首批录取名单

1928年8月,钱伟长被苏州中学录取[①],入高中普通科一年级自然科学组(正取)。同年录取高一学生的还有文史地组、师范科,高二则录取插班生。苏州中学是一个完全中学,初中部也招收一年级新生和二年级插班生。

从目前收集到的资料看,钱伟长的名字载于《申报》刊出的录取学生名单上(图2-1),这是能够查询到的公共媒体上第一次出现钱伟长的名字。

高中普通科二年级文史地组招收了顾汉章等5人;一年级招收了(正取)赵钲煜等38人,备取12人。高中普通科一年级自然科学组招收了(正取)袁耆龄等48人(钱伟长在名单的第三十九位),备取9人。高中师范科一年级招收(正取)5人,备取8人。

---

① 本报广告:《中央大学区立苏州中学录取新生》,载《申报》1928年8月7日。

和钱伟长一起成长

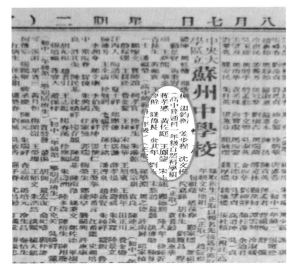

图2-1 1928年8月7日,《申报》刊登苏州中学首批录取名单

通知说,高中部及乡村师范9月3日起办理入学手续,5日开学。以上正取各生需如期到校,开学后三日不到者除名,依次传备取。定于8月27、28两日续招高中普通科自然科学组新生30人。

当年苏州中学高中部跨苏、浙、皖、鲁、闽五省计划招收学生130人,后来招收了三个普通班136人。参加考试的学生合计326人,其中绝大部分为本省人。在无锡的23名考生中合计录取6人,考生数和录取人数都居省内第四,排在前面的分别是吴县、常熟和吴江三县[①]。钱伟长是无锡县内被录取的6人之一,他自己说是年级最后一名录取者。

(二)在重大打击下坚持学业

南方的学校一般会利用暑期来维修校园设施,因为冬天湿冷不利于施工。苏州中学便是这样,汪懋祖校长到任之后对学校育人环境非常关心,于是利用暑假对学生宿舍等设施进行改善。1928年,因为施工延期,导致高中部和乡村师范开学时间不得已延期。据《申报》[②]报道:"兹因第一、二两院修理校舍未能如期工竣,特展至九

---

① 本刊:《本校十七年度秋季招生县籍统计》,载《苏中校刊》第10期,1928年10月1日;本刊:《各校各级学生数统计表》,载《苏中校刊》第11期,1928年10月16日。
② 本报广告:《中央大学区立苏州中学紧急通告》,载《申报》1928年9月1日。

月七日起办理入学手续,十日开学。新旧诸生务希准期来校为妥。初中仍按照原定日期开学,希注意。"

不过,开学的延期只是一个小插曲,不太能引人注意的,学生们终究是会正常入学的。而彼时的钱伟长尚不知晓,人生中的一个巨浪正向他汹涌而来。11月,父亲钱挚不幸病故,全家失去了顶梁柱。这是钱伟长人生中经历的第二个重大打击。据钱伟长回忆,他父亲和祖父都是在39岁去世的。这时候家里六口人,生活相当困难,幸有多方面的支持逐渐渡过难关:一是"父叔老师,华倩朔先生慷慨允诺住进黄石弄华宅余房,免租十年";二是"七房桥族人出面交涉,由钱氏怀海义庄长年捐供救济粮,孤寡免于饥饿";三是有四叔钱穆"除每月供给母亲六元家用补助外,并全力资助我上完高中"。家里前一次遇到重大变故时,钱伟长只有四岁,那时家在七房桥的旧宅失火被焚,全家只能迁居到荡口,借房居住①。

二、受益于苏州中学的新式办学实践

(一)汪懋祖的学术立校办学思想

苏州中学的学习环境使钱伟长深受益处。在苏州中学的学习,也为他今后的成长奠定了基础。苏州中学由江苏省立一师、省立二中等几所学校合并组建而成。1927年,汪懋祖辞去大学教授职务并出任苏州中学首任校长。他是著名教育家、美国哥伦比亚大学杜威教授的学生。在其主政苏州中学期间,聘请了陈去病、钱穆、吕叔湘、吕思勉等一批国内知名学者到校任教,力求将苏州中学办成学术化的学校;他还重视学生自治、自学、自研、社交和演讲能力的培养②。这一点也反映在苏州中学的英文校名上,汪懋祖心目中的苏州中学就是要成为一所真正的一流学府,所以以

---

① 钱伟长:《八十自述》,海天出版社1998年版。
② 顾明远总主编:《中国教育大系——历代教育名人志》,湖北教育出版社2015年版。

Soochow Academy 来命名。

正是校长汪懋祖招揽天下贤才到苏州中学任教的努力,使苏州中学的师资队伍进入一个鼎盛时期。国文首席教员沈昌直、钱穆,英文首席教员王士儁、吕叔湘、沈同洽,生物首席教员吴元涤,数学首席教员王刚森等一大批教师都是才华横溢的青年俊杰,其中有不少还曾担任过大学教授。这些教师是苏州乃至江苏省内一时之选,当时苏州中学堪称人才济济,雄冠江苏教坛。这些教师的影响很大,助力钱伟长等学生实现理想,在钱伟长、吴浩青等学生的回忆中经常提及这些教师对自己的影响。宜兴县的吴浩青是与钱伟长同年考入苏州中学的[①],他毕业后考浙江大学化学系就是深受化学老师王霞龄的影响,后来他成为科学家并当选中国科学院院士。1950年,吴浩青还就政府的工商业发展政策等民生问题在北京与钱伟长晤谈。

(二)钱伟长的老师们

钱伟长常提到他在苏州中学的老师[②],例如历史老师吕叔湘。历史学家严耕望将钱穆、陈垣、陈寅恪和吕叔湘并称为"现代中国四大史学家",而钱穆和吕叔湘两人就曾任教于苏州中学。钱伟长考苏州中学,自然是受了四叔钱穆的影响。在苏州中学,他开启与这些顶尖学者对话、学习交流的历程,这恐怕是很少有人能有的机会,特别是在那个年代。钱穆就不用细说了,就以吕叔湘为例。吕叔湘和钱穆一样,都是苏州中学组建时也就是1927年到校的,他和沈同洽都是钱伟长的英文老师,他俩一起为学生编写了一部优秀的教科书《高中英文选》,吕叔湘还翻译了大量西方名著如《文明与野蛮》《人类学》等,这些都是苏州中学学子难得的知识宝库。一方面是爱书,一方面是想为学生读好书把关,吕叔湘主动承担苏州中学图书馆的建设工作[③]。曾就读于苏州中学的胡绳在纪念吕叔湘时说:他主

---

① 陈熙:《化作春泥——吴浩青传》,中国科学技术出版社2017年版。
② 钱伟长:《八十自述》,海天出版社1998年版。
③ 周勇:《江南名校的中国文化教育》,教育科学出版社2008年版。

持的图书馆很有特点,有一个敞开架阅览室,提供许多书,让学生随意去阅览,用意大概是让我们扩大眼界。除此之外,吕叔湘还定期、及时公布新书消息,撰写书评,引导学生读书。许多一流的学府,一个好的图书馆和馆长是少不了的。钱伟长经常待在图书馆看书学习,他说这三年他似痴如狂地学习,苏州园林、山水都没有时间去游览。沧浪亭他倒是去过几趟,那是因为苏州图书馆当时设在沧浪亭,且和苏州中学只有一墙之隔。现在这三个地方也几乎保留了原来的位置,都在就近。

数学老师是严晓帆,也是班主任。钱伟长经常去严晓帆的宿舍学习和请教。尽管自己数学基础不好,最怕分数和小代数、平面几何,高三的三角、大代数和解析几何都是令他头疼的课业,不过肯学习的劲头加上严晓帆的关照,使钱伟长成绩不断提升。钱伟长回忆道,"那时我的数学基础很差,班主任严老师深深同情我的困难,给予额外的辅导补课,在自修室熄灯之后,允许我到他的办公室共灯夜读,三年来使我养成了'开夜车'的习惯,迄今仍然保持着这个习惯。想往事,严老师爱护学生的音容,犹历历在目"[1]。严晓帆在教学上很有特点,后赴任徐州中学校长。1935年,教育家黄炎培考察全国教育情况,他非常认同严晓帆对当时教育的评价,"严君深以二三十年来教育多讲方法,少从根本上注意","我很表同意"[2]。

钱伟长还经常提到他的生物老师吴元涤。吴元涤也是最早去苏州中学任教的老师,1933年继胡焕庸任苏州中学第三任校长。吴元涤非常平易近人,以至于学生给他起了个外号"细胞",还叫他的儿子,也是钱伟长的同班同学"小细胞"。钱伟长喜欢吴元涤的生物学课,他讲授得很直观,经常通过显微镜等器材结合内容进行教学。吴元涤还编写了大量的生物学教材,如《南洋植物学》《普通胚胎学》《高中生物学》《高等生物学》

---

[1] 钱伟长:《八十自述》,海天出版社1998年版。
[2] 黄炎培:《断肠集》,生活书店1936年版。

《植物学》等,对当时乃至现在的生物学教学都颇具参考价值①。

钱伟长的历史老师除了他的四叔钱穆外,还有1928年后去苏州中学教授历史的西洋史教师杨人楩。杨人楩编写了《外国史》教材,还在1931年翻译出版了《法国大革命》一书(克鲁泡特金版)。他编写的这套高中《外国史》享有盛誉,在当时广受欢迎,时人评价该书具备了优秀历史教科书必备的若干要素。这些要素超越时代,对今天的历史教科书编写仍有借鉴和启示作用。1934年7月,杨人楩考取了第二届中英庚款会留学基金资助赴牛津大学奥里乐学院(Oriel College)攻读世界史,抗战期间回国后在多地任教,后长期在北京大学担任历史学教授,成为著名的历史学家②。

（三）苏州中学的学制和教材

当时苏州中学实行的是学分制,与当今的大学更加接近。学生根据学校制定的培养方案,结合自己的兴趣爱好,各自选择要修读的课程。苏州中学的高中分为普通科和师范科,普通科又分为自然科学组和文史地组。各科和各组之间的选课要求也各有不同。钱伟长入学的时候是普通科自然科学组的学生。值得一提的是,1983年钱伟长到上海工业大学担任校长时,就实行了彻底的学分制,1994年新组建上海大学后学分制的人才培养制度一直沿用至今,独具特色。完全学分制的特点是学生选课自由度大,可以依据自己的兴趣选修课程,同时也给有的同学提供了提前毕业的机会。

1987年毕业于上海工业大学自动化系工自专业(上海新航星投资集团有限公司董事长)的何志明,后来又继续在本校攻读研究生获硕士学位。他就对钱伟长推行的学分制非常赞同,经常以亲身经历讲述对学分制以及钱伟长推行的人才培养模式的肯定,说自己就是上海大学学分制

---

① 周勇:《江南名校的中国文化教育》,教育科学出版社2008年版。
② 张玉春:《百年暨大人物志》,广州暨南大学出版社2006年版。

人才培养模式的受益者。

苏州中学在课程的安排上不强调主科、副科的区别,强调学生的知识面。这与近年国内积极推行的通识教育有很大相似之处。这种宽口径、厚基础的教学方式,给钱伟长等苏州中学的学生打下了扎实的学科基础。后来钱伟长经常以"万能科学家"自嘲,还曾成立一个小组从事坦克用的长寿命电池研究和开发,应该说这与他在苏州中学受到的影响是密不可分的。

开学之后,钱伟长和其他的许多同学一样,发现面临的挑战要比预想中的严峻得多。苏州中学实际上还是一所带有实验性质的学校,其开设的许多课程相当于当时的大学课程,实际上有的就是使用大学教材,而且还是英文教材。学校所用的理科教材,除了生物学是本校吴元涤自编课本外,其余如数学(包括三角、高等代数和解析几何)、物理、化学、生物等,全都是英文原版教材(表2-1、图2-2),这给学生带来极大的压力[①]。当时江浙的中学采用英文教材是比较普遍的,以上海为例,不少华人中等学校的办学者也都是非常赞同英语直接教学法的,引进并使用了大量原版英语教材。如复旦公学中学科、南洋中学、民立中学、澄衷中学、务本女中、南洋模范中学、上海公学中学部、招商局公学中学部等都是这样。这些中学使用的英文原版教材涉及面很广,数学、物理、化学、生物、外国历史地理课程,甚至经济学、图画课程等都包括在内。在有利于学习语言的中学阶段,使用英文原版教材有助于打好英语基础,学生进入大学之后更可以集中精力于专业学习,节省时间。在当时的国情下,中学校长大都是留洋的或者深受西学影响的,知识分子层面也形成了一些共识。复旦大学校董严复就这件事情在理论上做了进一步阐述。1905年《复旦公学章程》制定当年,严复就在《与外交报主人论教育书》中指出:"既治西学,自必用西文西语而得其真。"针对那些学西文是不爱

---

① 陈熙:《化作春泥——吴浩青传》,中国科学技术出版社2017年版。

国的论调,他认为这种想法比较幼稚:"爱国之情,根于种性,其深浅别有所系,语言文字非其因也。"具有几千年传统文化基因遗传的炎黄子孙,在国弱民贫、亡国灭种的危难关头,出于"师夷之长技以制夷"的目的学习西文西学,本身就是一种危机刺激下的民族自救行为,不但不是什么不爱国,反而是太爱国了[①]。

表2-1 苏州中学高中数学教本一览表[②]

课程名称	教材名称	著者	出版社
平面三角	Plane Trigonometry	Wentworth and Smith Wentworth	Giun Co.
立体几何	Solid Geometry	Schultze-Sevenok Shuyler	翻版
高等代数	College Algebra Higher Algebra	Wentworth Hawkes	Giun Co.
解析几何	Analytic Geometry	Smith, Gale Neelley	Giun Co.
微积分	Calculus	Osborne	Heath Co.
球面三角	Spherical Trigonometry	Wentworth	Giun Co.
混合算学	讲义	任课教师	
测量大意	讲义	任课教师	
用器画	中学用器画式		商务印书馆

像数学、物理这样的课程,使用英文教材居多。物理课本都采用英文版或者翻译版,高中普通科的普通物理和高等物理分别采用Gorton版的 *High School Course in Physics* 和Crew版的 *General Physics*,物理实验用"密盖物理实验教程译本"。物理课老师也是有经验的,例如当年27岁的唐

---

① 施扣柱:《青春飞扬——近代上海学生生活》,上海辞书出版社2009年版。
② 苏州中学校史编委会:《苏州中学校史(1035—1949)》,苏州大学出版社1999年版。

珍是国立北洋大学工程学士,曾经在芜湖公立新民中学担任教务员和数理教员,在合肥省立六中任过数理老师。还有顾元,34岁,年富力强,国立北平高等师范学堂本科毕业,先后在南菁中学和江苏省立一师、二中、三中等校任教。化学课程采用的是美国教材 *Elementary Chemistry* 以及 Holms 的 *General Chemistry* 等。高中部对化学的要求有五点:一是明了化学基础知识,以及和人类之间的关系;二是关注我国化学工业之现状,激发学生对化学的兴趣;三是理论以实验为标准,使学生所学所知益形透彻;四是注重学生实习,增强个人使用仪器的能力;五是介绍新理论,使学生了解化学发展最新进展,补充国防化学知识,激励爱国热情。单从化学课程的要求看,至少有两条与爱国有关系,这也是当时像苏州中学这样的名校的基本要求。

图2-2　Wentworth 与 Smith 编辑的 *Plane Trigonometry*(《平面三角》),Giun 公司1914年版

高中部要求总学分达到150学分方能毕业。从必修课总学分上看,必修课程中语言课程,就是国文和英文分别占26学分和28学分,合计54学分,约占三年全部必修课111学分的一半(表2-2)。

表2-2 苏州中学高中普通科必修学程表[①]

学程＼学分	高一（一）	高一（二）	高二（一）	高二（二）	高三（一）	高一（二）	学分
公民与三民主义	1	1	1	1			4
国文	5	5	4	4	4	4	26
英文	5	5	5	5	4	4	28
立体几何	3						3
高等代数		3	3				6
世界史	2	2					4
本国文化史			2	2			4
世界地理			2	2			4
人生哲学					2		2
生物学	3	3					6
普通化学			3	3			6
普通物理	3	3					6
体育与军事训练	2	2	2	2	2	2	12
总计	24	24	22	19	12	10	111

选修课程，以自然学科组为例，有11门课程供选择（表2-3）。物理、化学和分析化学都有2小时的实验课，按1学分计算。

[①] 苏州中学校史编委会：《苏州中学校史（1035—1949）》，苏州大学出版社1999年版；刘京京：《理想与未来——民国时期中学生日常生活研究》，福建教育出版社2019年版。

表2-3 苏州中学自然学科组选修课①

学　程	年　限	学　分	预修学程
物理	1	4	
化学	1	5	
分析化学	1/2	3	
高等物理	1	4	
有机化学	1	4	
高等代数	1	6	初等代数
解析几何	1	4	高等代数、立体几何
微积分	1	4	高等代数、立体几何
植物学	1/2	3	
动物学	1/2	3	
矿物学	1/2	2	

（四）苏州中学的素质教育

苏州中学的教育，不仅在学业上的要求标准很高，而且注重培养学生的公德心、责任感、使命感以及语言能力、艺术品位、社交能力等综合素质。1929年12月颁布的《苏中学生修养标准》（图2-3）要求：勤学业、勇服务、守纪律、重卫生、尚公德、谨态度、习言语、能思想、富兴趣、修社交。学校的老师不仅教学水平出色，而且综合素质也相当不错，能够以身作则，言传身教。

实践中，苏州中学开展各种形式的素质教育。除了一般的实践性课程外，也时常举办各种比赛。例如钱伟长参加的党义和国文竞赛。1928年11

---

① 苏州中学校史编委会：《苏州中学校史（1035—1949）》，苏州大学出版社1999年版。

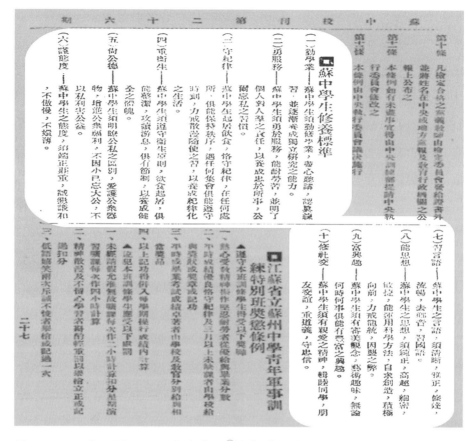

图2-3 1929年12月颁布的《苏中学生修养标准》[1]

月27日,《新闻报》[2]介绍苏州中学举行党义和国文竞争试验:"苏州中学自改组以来,赖汪校长热心毅力,日形发达,学生增至八百余人。成绩优异,今春全省成绩展览,曾获得一等特奖。该(校)又创办学校市(紫阳市)训练学生自治,指导学生生活,课余并有各种活动。参观者莫不称赞。最近,该校为提倡信仰及研究兴趣起见,举行党义和国文两科竞争试验。普通科学生踊跃参加,无一缺席,成绩甚佳。师范科也定下周举行,至初中部设在草桥,颇得当地

---

[1] 本刊:《苏中学生修养标准》,载《苏中校刊》第26期,1929年12月。
[2] 本报:《苏州中学近讯》,载《新闻报》1928年11月27日。

人士之信仰,一切设施,均堪取法云。"《新闻报》多次对苏州中学的办学方式予以肯定,特别是一些具体做法。在民国正式启动的教学改革中,许多学校会因各种原因,如经费、校舍等方面的不足而影响正常开学。但是,苏州中学由于改组工作启动早,"毅力奋斗,首先于九月十二日开学"。1928年更是要举办一周年纪念,邀请社会各界名流到校参观,并通过展览成绩、表演游艺等形式展示一年的办学实践和成效。同时,率先启动成立苏州中学校友会以便当年学生毕业后联络。这些做法获得了社会的赞许[1]。

钱伟长高中毕业那年,苏州中学举办了一次毕业文娱晚会,师生同台表演京剧《捉放曹》。这出戏讲的是《三国演义》中的一个故事:曹操刺杀董卓未遂后逃走,被中牟县令陈宫所擒,陈宫以其刺董为义举,遂将曹操放了,两人一同出逃。其后曹操误杀父亲故交吕伯奢全家,陈宫以其心狠手辣,枉杀无辜,深感懊悔,在是否杀曹一事上非常矛盾,最终放弃杀曹,独自离去。整个故事高潮迭出,非常精彩。学校社会科学首席教员杨人梗扮演曹操,学生王凯基(后成为复旦大学生物系教授)扮演陈宫。晚会上那种师生之间融洽的气氛和热情洋溢的演出场面令在场的同学都非常动情[2],钱伟长的同学吴浩青对此终生难忘。

三、第一次出现在苏州中学的刊物上

汪懋祖主张"教育源于生活,而改造生活",教育应当注重培养学生改革社会、参与群众事业的活动能力。在这种教育理念引导下,苏州中学非常注重培养学生的社会使命感和责任感。"紫阳市"是汪懋祖主政期间苏州中学的一个学生自治组织。据《苏中校刊》记载[3],钱伟长积极参加紫阳市的活动。例如1929年钱伟长参加的高中紫阳市公安课,《苏中校刊》记载(图2-4):"出席者张一勇先生、屠达……钱伟长……讨论事项:

---

[1] 本报:《苏州中学筹备周年纪念》,载《新闻报》1928年12月15日。
[2] 陈熙:《化作春泥——吴浩青传》,中国科学技术出版社2017年版。
[3] 本刊:《校闻:高中紫阳市公安课会议记录》,载《苏中校刊》第25期,1929年11月16日。

和钱伟长一起成长

(一)明日开映电影秩序应如何维持案,议决必由本课课员协助维持。(二)明日开映电影时入场券应如何查验案,议决(从略)。(三)改进厨房清洁案……"这些具体事务都交由学生参与讨论解决办法,可见紫阳市在管理上的理念。根据已有的资料查询,这是钱伟长的名字第一次出现在苏州中学的刊物上。

钱伟长晚年常说,高中的三年对他来说是非常难忘的。他回忆道:"苏州高中的三年是难忘的三年,我一开始就自忖至多只能再读三年,三年后为了生活,为了养家活

图2-4 《苏中校刊》关于钱伟长参加学校公共事务的记载①

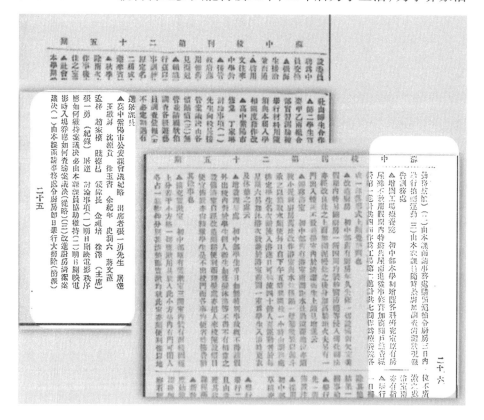

---

① 本刊:《校闻:高中紫阳市公安课会议记录》,载《苏中校刊》第25期,1929年11月16日。

口,我要凭我的能力,谋一职业,而在过去十几年里,我只凭父叔的家庭教育和熏陶,学了一点自己所喜欢的文化知识,但谋生的知识,却一无所有,连当个乡村小学教师,都难以胜任。所以,在这三年里,学校各种课程,不管喜欢与否,都努力学习。"①应该说,除了各种课程学习,参加紫阳市的活动等所受的学校日常生活中的教育,也使钱伟长获益匪浅,为他在清华大学及后来四处闯荡学习中克服种种困难打下了基础。

上面提到的"紫阳市"是一个极有内涵的名字,所以不得不说一说其来源。

宋仁宗景祐二年(1035),范仲淹捐出宅地,奏准皇帝后建造府学。清康熙五十二年(1713),理学家、江苏巡抚张伯行在府学中创设紫阳书院。清光绪三十年(1904),金石学家、江苏巡抚端方在府学原址扩建江苏师范学堂。1912年,改办江苏省立第一师范学校。1927年,省立一师等合并为苏州中学。

苏州中学为培养学生自理自治能力,建立了学生自治组织。自治组织分村和市两种。乡村师范部及其附属小学的自治组织为村部;高中部、初中部、实验小学的自治组织为市制。高中部及师范科自治组织的名称为"紫阳市";初中部自治组织的名称为"五三市"——纪念1928年5月3日日本帝国主义制造的济南惨案;实验小学自治组织的名称为"三尚市"。紫阳市成立的时候,《苏中校刊》一篇署名为"翰芳"的文章《紫阳市的新精神》②写道:紫阳市是我们这里学生课外自治活动的唯一团体。其组织系普通市制具体而微的缩影,于学校中团体生活的训练有重大意味。还说"中国各地市政的简陋,市民生活的单调,这都是由于当局者的不作为,市民没有训练。现在训政开始,一切建设都要由改造国民的生活着眼"。这里可见汪懋祖校长所想传达的思想,"教育就是生活,并不是什么预备生活"。文章指出,"现在我们这里有了紫阳市的组织。你若是要

---

① 钱伟长:《八十自述》,海天出版社1998年版。
② 翰芳:《紫阳市的新精神》,载《苏中校刊》第12期,1928年11月1日。

练习办事，那么有各种职员的选举。你们若要自动研究，那么有各种研究会的组织。你们若要活泼愉快你们的身心，那么有各种运动组织。其余一切的组织，都足以丰富学校的生活，表示团体的精神的"。汪懋祖作为杜威的学生，在苏州中学的这些做法，可以理解为对其教育思想的实践和推广，同时也是汪懋祖主政期间办学思想的体现。

"翰芳"即《苏中校刊》第二任主编邬翰芳，他是第10—16期主编，而后是汪懋祖任主编。《苏中校刊》是汪懋祖创办的，以供本校教师发表学术研究成果。邬翰芳历任清华、燕京、暨南各大学讲师，在苏州中学任历史地理教师，为苏州中学营造了浓厚的学术氛围。他是浙江台州临海籍的地理学教育学者，在民国时期有着一定的影响，后来对中国及世界地理颇有研究，尤其为中国地理教育作出了贡献。抗战期间，他倾力著书，积极投身抗战，鼓舞人心。1927年秋，钱穆经过胡达人（时任无锡省立第三师范学校教师）推荐，担任苏州中学国文首席教师，他的许多研究心得也在《苏中校刊》上发表。当然，《苏中校刊》上也有不少学生的文章，还有邀请到苏州中学做讲座的名人专家的讲稿记录，这些记录有的是老师整理的，有的是学生整理的。诸多名人都在这里授课，反映了学校开明的办学思想，也可见当时苏州中学的办学理念。

后来根据国民政府出台的制度，紫阳市的名称和形式不得不相应改变。《苏中校刊》1931年第55/56期合刊记载[①]，根据1930年春中央规定之学生团体组织原则及组织大纲要求，学生团体也相应改组，"本校原有之紫阳市，当然不能继续存在，于是由学校当局指导学生，开始筹备新的学生自治会，由三年级学生王凯基等五人，正式向吴县县党部申请许可组织，定名为'江苏省立苏州中学紫阳市学生自治会'，所以加'紫阳市'三字者，在保存过去历史之意义耳，乃前汪校长之主张也"。多番沟通下来，保留"紫阳市"三字不成，吴

---

① 李锦林：《专件：本校高中部学生自治会成立之经过》，载《苏中校刊》第55/56期合刊，1931年11月1日。

县县党部同意高中、初中分开成立学生自治组织,由此高中部学生自治组织定名为"江苏省立苏州中学高中部学生自治会",1931年9月2日获批。

四、第一次以运动员身份出现并获奖

正像邬翰芳在《紫阳市的新精神》一文中写的,"你们若要活泼愉快你们的身心,那么有各种运动组织"。苏州中学在文艺、体育方面也是有特色的。仅就体育方面,据《苏中校刊》记载,"本校重视体育,每年于春季举行运动会",在校外也有值得关注的成绩。

以1929年5月在南京举行的中央大学区第二届中等学校联合运动会为例,苏州中学"最后学校总成绩,男校田径赛总分第一",分数为42.25分,较之位于第二的南菁学院和第三的南通中学高出一大截。这次运动会上,苏州中学男生乙组的运动达人吴协兴在三级跳、铁饼等项目上都获得冠军,为学校争得15分,他自己也获得多项个人成绩第一。苏州中学派出20余人参加运动会,颁奖会上重量级政府要员多有出席并为运动队和运动员颁奖,此外还有许多大公司如上海时新公司、商务印书馆、五福商店等的负责人也参加。5月10日返校时,全体师生都到车站欢迎,途中还到体育场庆祝,而后再回校举行庆祝会,诸多当地重要人物如市长、县长以及东吴大学校长郭毓彬等都专程前往致辞①。

在这样好的条件下,热爱运动的钱伟长自然也积极参加体育活动,仅在1931年的春季运动会上,他就取得了三项好成绩(图2-5):乙组400米第三名、800米第三名,以及跳远第四名。

这些内容记载于《苏中校刊》,也是其关于钱伟长作为运动员或者运动爱好者,参加体育运动比赛并获得名次的首次记载。这也是目前可见的钱伟长第一次以运动员身份出现并获奖的记录。

---

① 本报:《中大区第二届中校联合运动会之最后》,载《中央日报》1929年5月8日;本刊:《本校获得中联运动会冠军纪盛》,载《苏中校刊》第19/20期合刊,1929年。

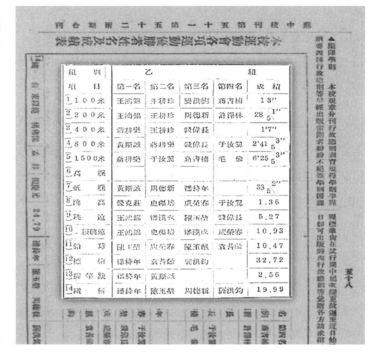

图2-5 1931年，《苏中校刊》刊登钱伟长参加学校春季运动会的成绩

五、第一次在校刊上发表文章

苏州中学强调实践和实验，除了前面提到的紫阳市管理探索，文化体育方面的活动不少，还邀请诸多学术专家做讲座。良好的学术氛围，为钱伟长提升研究能力、产出学术成果提供了坚实的依托。

（一）苏州中学的名人讲座

汪懋祖在苏州中学主政期间，除了前面说到的诸多实践与思考外，还一直坚持的一项办学举措就是邀请名人到校演讲。在汪懋祖主政的四年间，几乎每个月都有一位知名学者来校讲学，总计约40人次，进一步激发了师生的学术热情和兴趣[①]。来的人当中，有蔡元培、胡适、

---

① 周勇：《江南名校的中国文化教育》，教育科学出版社2008年版。

顾颉刚、吴梅、陈去病、张君劢、钱大钧、何炳松、欧阳予倩、曾昭抡、孟宪成等,几乎个个都是学术界、教育界的风云人物,而胡适、吴梅等人还来过不止一次。这一方面反映出汪懋祖的影响力,另一方面也显现出他心中对苏州中学的期望。

邀请名人不是仅停留在演讲层面,而是在演讲结束后还将邀请的名人聘为苏州中学的正式教师,比如吴梅、陈去病、孟宪成等都是这样。这就进一步实质性提升了苏州中学的学术地位,现在恐怕难有哪所中学能够如此了。

几年间做的讲座略举如下:

- 新文化运动的领袖之一胡适的"科学的人生观"
- 戏剧艺术家欧阳予倩的"中国音乐与中国歌剧"
- 历史学家顾颉刚的"对于苏州男女中学的史学同志的几个希望"
- 职业教育家江问渔的"职业与职业指导"
- 历史学者陈旭轮的"五四运动可纪念的两种精神"
- 法学专家吴芷芳的"五九国耻"
- 植物学家张岘侪的"生物学之重要"
- 教育家心理学家谢循初的"行为派心理学略说"
- 黄埔毕业生王一煊的"军事训练"
- 教育家查良钊的"青年第一要认识主义"
- 史学家何伯丞的"历史的功用和现代研究历史的重要性"
- 哲学家李石岑的"青年的路向"

以上列出和前面提到的演讲人都是当时的名家,或者崭露头角不久便成为名家。作为校长,汪懋祖自己的演讲也很多,除了开学和一些仪式上的致辞外,也有专门主题的,如他讲过"中学训育问题"。从以上标题和内容看,演讲涉及人文方面的内容居多,这也反映了当时的社会现状。

按照《苏中学生修养标准》要求,学生在语言方面要做到"清晰,雅正,条答,流畅,去乡音,习国语"。聆听演讲和参与演讲能够帮助学生实现标准要求的目标。凭借这种演讲以及和人交往的能力,钱伟长在清华大学入学后说服了吴有训同意其转学物理。演讲也是普及知识的好方法,当然,对深奥的知识进行普及尤其是采取演讲的形式,则需要一定技巧和能力。新中国成立后,钱伟长致力于宣传和普及科学知识,除了在报纸杂志上发表200多篇关于科学技术、教育和四个现代化建设等方面的文章和出版相关书籍外,还亲自做各种类型的讲座。早在1950年,他就为科普局所属的中央人民科学馆筹备处举办的大众科学讲座做过首场科学报告——"怎样学习自然科学";1955年关于和平利用原子能的演讲中,他做过不止一次科普报告。特别是改革开放初期的1978—1983年,钱伟长在全国180多个城市做了关于实现四个现代化问题的报告,所到之处座无虚席,听众总计达30余万人[1]。1984年,中国科普作家协会第二次代表大会全体代表推举钱伟长为荣誉会员[2]。

(二)中学期间两次科学活动

苏州中学在科学实验上的课程和实践是必不可少的。汪懋祖校长贯彻的做法是,"科学教学,不徒以多读科学书籍或多做若干定律之实验,为已尽其能事,而应以训练思想养成其科学心态为第一义。非然者,文字为符号,科学亦不过符号,徒教之认识符号及其变化用法。则科学与其他文字,有何异哉?"[3]他在1931年给《苏中校刊》自然科学特刊的弁言中说道:科学救国之声浪弥漫全国。一般人来理解,国家经济落后不发达,原因在于科学落后。科学能够推动生产力发展,促进国家富强。但从这里简单说,意为科学就是物质性的,或者说只是推动物质方面的发展。也有人将当今世界的战乱归咎于物质过分发达,或者说科学被用于战端,就由此不提倡科学,而要仅仅从提升人类道德来实现和平。这两种意见都有

---

[1] 何学良、李疏松、(美)何思谦:《海国学志——留美华人科学家》,上海人民出版社2007年版。
[2] 李正兴:《我的科学梦——上海科普名家风采》,上海科学技术文献出版社2014年版。
[3] 汪懋祖:《弁言》,载《苏中校刊》第53/54期合刊,1931年。

失偏颇,没有完全理解科学本身的意义。除了科学的重要性,汪懋祖也对如何获取科学知识做了阐述。他认为,从书本上获取前人的知识很重要,从实践中获取知识同样重要。

这些对钱伟长产生了深刻的影响,这种影响从钱伟长在校期间所表现出来的科学探索精神即可见一斑。钱伟长在苏州中学期间受到了标准化的学历教育,这较之他此前在各个学校之间颠簸受到的教育要规范和严格得多,所以他的学业进步很快。加之他刻苦勤奋努力,求知欲强,各方面都进步不少。他自己记得,在高三的时候,通过收集、分析和比较,撰写了一篇学术论文《春秋日蚀考》[1],据说还获得了江苏省的高中论文奖。尽管目前还未查询到当时文献关于这篇文章的记载,但可以肯定的是他从苏州中学这些杰出的老师那里学到了真才实学。

就在1931年,也就是他毕业的那年,钱伟长在《苏中校刊》上发表了《二种特殊滑车的机利》一文(图2-6)[2]。这篇关于力学和物理的文章,体现了钱伟长对科学的兴

图2-6 1931年,《苏中校刊》刊登钱伟长《二种特殊滑车的机利》一文

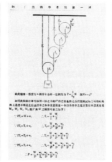

---

[1] 印永清:《钱穆》,河北教育出版社2003年版。
[2] 钱伟长:《二种特殊滑车的机利》,载《苏中校刊》第53/54期合刊,1931年。

趣和探索精神。从能够查询到的资料看,这是钱伟长第一篇科学论文。文章的内容是他在高三的时候撰写的,具体发表日期不详。但是可以从前后两个合期的出版日期,即第51、52两期合刊出版日期4月1日、第55、56两期合刊出版日期10月25日,推测第53、54两期合刊出版日期应该在1931年夏天。这期间钱伟长正在集中精力参加大学入学考试和争取奖学金。

钱伟长在《二种特殊滑车的机利》一文中对动、静滑轮的力进行了分析,分别讨论了动滑轮组和静滑轮组的"机利"或者说是力比,即抵(抗)力与主力之比,得出两个机利公式。实际上,他的文章内容可以持续分析无穷多个滑轮拼接的结果。

第二节　苏州中学升学指导

在毕业指导和升学考试方面,苏州中学有专门的指导老师,并且有学校的机制保障。以1927年为例,在升学指导方面,学校教务处召集各学科首席教员组成升学指导委员会。委员会负责调查各大学性质和入学考试的相关信息,再根据各生的兴趣志向予以指导。1928年4月13日,学校第一届升学指导委员会成立,包括汪懋祖校长在内的11人出席成立会议,具体安排如下[①]:

- 政治课教员兼指导员张一勇负责三民主义课程;国文由钱穆、夏蕴文负责;沈问梅、沈同洽负责英文;吴子修(元涤)负责生物学;陈其可、王以中负责历史地理课程;而数理学科方面由王霞龄、王刚森、严晓帆负责;还要求针对性收集材料和选定书名。
- 各指导员、教员要求分期汇报担任指导的情况。
- 明确学校教务处要针对性收集一些大学的招生简章,并调查招生情况。以国立大学为例就有中央大学、北平大学、清华大学、交通大学、

[①] 苏州中学校史编委会:《苏州中学校史(1035—1949)》,苏州大学出版社1999年版。

浙江大学、中山大学、同济大学、劳动大学、浙江艺术学院;私立大学包括南开大学、光华大学、复旦大学、燕京大学、东吴大学、金陵大学。

- 学校校刊专门刊出升学指导专号,内容由委员会各指导、教员负责编辑。
- 教务处负责安排讨论所收集到的各校考试试题进行讨论,选取其中的内容进行刊印,然后分发学生参考。

每年苏州中学还邀请考入大学的学生给学弟学妹介绍考试经验和所在学校的情况。整个指导机制有组织,有具体办法;从目标和操作层面都有完整流程,包括考核。这套机制也是苏州中学整体办学制度的一部分。汪懋祖校长还亲自联系毕业学生,请他们介绍所在学校及考学等诸方面的情况。例如《苏中校刊》[①]就刊登了几位清华大学学生写给母校的信,内容包含应考情形、各学系情况、学校建筑、入学情形、生活状况。其中"应考情形"最为详细,介绍了清华大学的入学考试科目,包括必考科目和选考科目;还向学弟学妹提出合理化建议,如考试科目要尽量和想进的科系有关,免得入校后还要进行甄别考试。关于入学情形,介绍了如何从江苏到北平去,还有入学体检、标准照片、缴费、体测、选课等。关于生活状况,介绍了宿舍情况,提醒应准备怎样的棉被,介绍了饮食及娱乐等。这些信息对于钱伟长等尚未毕业的学生来说,都很具参考价值。

中学毕业的时候,钱伟长报考了多所院校,都是国立大学。由于在苏州中学的努力,以及学校的培养和老师的支持,还有他四叔钱穆在各方面的支持、指导和照顾,他所报考的院校大都录取了他[②]。

一、清华大学招生报名考试介绍

当时各个大学的招生都是自己负责,大家也注意适当错开时间便

---

① 本刊:《通信:本校毕业生自清华大学来函》,载《苏中校刊》第31期,1930年3月。
② 钱伟长:《八十自述》,海天出版社1998年版。

于优秀学生都有机会参加考试。以清华大学为例,它的考试时间定在7月16日起,考场是借用徐家汇交通大学的教室。根据1931年招生简章(图2-7)介绍[①],清华大学报名时间为7月2—11日。上海地区的报名地点和考试地点都是在徐家汇交通大学。考试费2元。入学考试科目包括必考五门、选考两门,合计七门。具体的考试科目为:党义;国文;英文;本国历史地理;代数、几何、平面三角;高中代数解析几何、高中物理学、高中化学、高中生物学、世界历史地理这五门任选两门。简章特别说明,"录取新生入校后,其选考物理、化学或生物各科者应受甄别试验,同时并须缴验以前所做实验记录"。

清华大学当年起试行(校外)转学制度,其他学校的学生可以通过转学考试进入清华大学学习。1931年物理学系二年级转学考试科目为六门:党义、国文、英文、微积

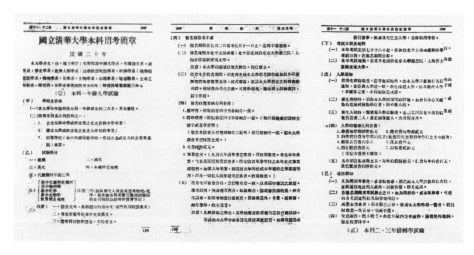

图2-7 1931年清华大学招生简章

---

① 本刊:《国立清华大学招生简章》,载《清华周刊》1931年第35卷第11—12期。

分、大学普通物理、大学普通化学。

为使学生详细了解入学后的费用情况,以便他们权衡和选择,招生简章介绍了学费和相关费用,还列出了学习期间的伙食费等费用支出作为参考。入学时需缴费用为:学费每学期10元;体育费每学期2元;科学实验费每学期约5元;褥单衣袋费7元;洗衣费3元;预存赔偿费5元;制服费20元。各生自备书籍文具,每年约需60元,膳食费每年约100元,其他杂用费约60元。这样合计每年缴费和个人支出约220元。

此外,清华大学还在1931年的《清华周刊》专门介绍了投考清华大学应注意的一些事情,包括现行的学制、三个学院的基本情况、现场报名办法、体检要求、报名时应携带的材料等。特别强调必须在现场报名点报名。同时也通报了学历和材料造假者资格取缔的情况。1930年,学校录取249人,事后分别致信94所学校调查各生校籍,结果发现伪造证书者15人,"均令退学,无一幸免"①。

苏州中学的一些学生参加了上海地区的报名和考试,钱伟长等最终考入清华大学。

二、清华大学入学考试情况

根据当时民国政府的规定,政治课、国文课和一些基本知识是列入考试内容的。各大学考试安排在科目设置上差异不大,也有的很有个性,特别是题目方面。1930年清华大学国文试题为两道:一是"将来拟入何系,入该系之志愿如何";二是"新旧文学书中,任择一书加以批评"。1931年也是两道:一是作文四题选一,文言、白话均可;二是阅读理解。1932年则发生了一些有趣的事情,如时任清华大学历史、中文、哲学三系教授的陈寅恪的"对对子"试题公案。除了比较广为流传的作文题目"梦游清华

---

① 晓初:《投考国立清华大学者应注意底几桩事情》,载《清华周刊》1931年第35卷第11—12期。

园记"的故事外①,可能就数这个颇受争议的"对对子"考题的故事最经久不衰了。相传当年(钱伟长入学次年)陈寅恪专门为一年级新生出了两道"对对子"的入学考试题②:一道是"孙行者",一道是"少小离家老大回"。在他看来,"在今日学术界,藏缅语系比较研究之学未发展,真正中国语文文法未成立之前,似无过于对对子之一方法"。这个"对对子"之题是前所未有的,难免引发各界一片哗然,非议久久不能平息。多家报社除了质疑这种题目的标准答案外,有的甚至直斥这是复古,或以"奇哉""怪哉"形容,或要清华大学表态是否支持"对对子"的考题。面对强大的舆论攻势,一向只顾埋头学术的陈寅恪亦不能不有所辩解。他以出题者的身份罕见接受媒体采访,正面回应社会各界对于清华大学国文试题的质疑,详细解释出题理由。尽管未能完全平息争议,但也算是逐渐淡化下来。人们每每谈到民国时期的清华大学,都会拿这桩事情作为讨论的内容,这也丰富了清华大学的办学故事。

从题目的形式上看,1930—1932年一年级入学考试科目,代数几何平面三角、高级数学(高中代数解析几何)、高中物理学、世界历史地理这几门科目几乎都是中文试题,一些特殊名词做了英文标注。特殊一点的是高中化学每年都是中英文双语,而1932年的世界历史地理也是中英文双语。这也从一个侧面反映了当年英文教材的使用情况。

这里再细看1931年钱伟长参加一年级入学考试的试题(图2-8、图2-9)。

一是党义:三民主义的科学性;国民革命的内容及其特点;研究党义的必读书目试略举之。

二是国文:作文:"本试场记""钓鱼""青年""大学生之责任"任作一题,文言、白话均可;阅读理解。(略)

---

① 卞毓方:《〈梦游清华园记〉考》,载《文汇报》2007年1月4日。
② 章玉政:《刘文典传》,安徽大学出版社2018年版。

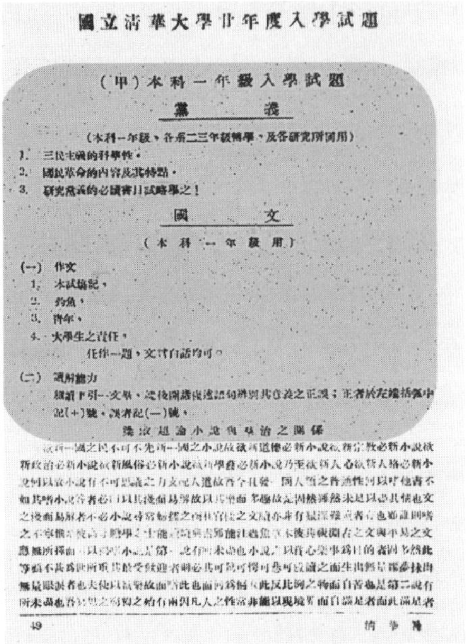

和钱伟长一起成长

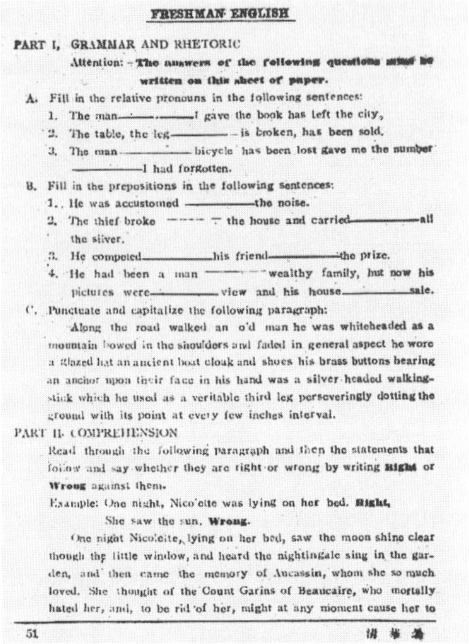

图2-8　1931年清华大学一年级入学试题（党义、国文和英文的部分题目）

图2-9　1931年清华大学一年级入学试题（本国历史地理和高中化学部分题目）

三是英文：含语法修辞、阅读理解和作文三部分。（略）

四是本国历史地理：二十四史的作者和注者（各史还有差别），史记……作……集解……索隐……正义，汉书……作……集注，后汉书……作……注，……；下列各时代的国都。（包括后面的三道题略）

钱伟长当年必考如下科目：党义、国文、英文、本国历史地理、代数几何平面三角。作为文科生参加考试则只有世界历史地理供选择了，其他都是自然科学学科。

根据钱伟长的回忆，除了清华大学外，他还参加其他一些学校的招生考试。当年的报纸有公布录取信息，例如中央大学工学院、交通大学唐山工程学院土木系（图2-10、图2-11）。从专业上看，钱伟长都是选择工程类专业，这也说明了他的学习兴趣。后来进入清华大学，他更是希望在物理系学习。

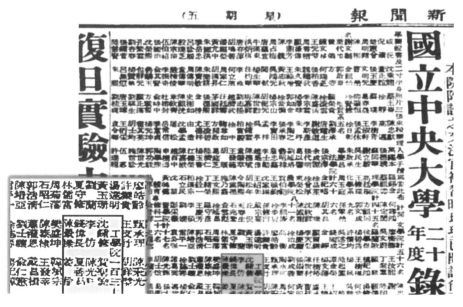

图2-10　1931年7月31日，《新闻报》刊登载有钱伟长名字的国立中央大学工学院新生录取名单

图2-11　1931年8月25日,《申报》刊登载有钱伟长名字的交通大学唐山工程学院新生录取名单

第三节　争取奖学金支持

在钱伟长进入苏州中学后不久,父亲钱挚就因病去世。幸得四叔每月供给家用补助,还有他父亲和叔叔的老师华倩朔的慷慨帮助,一家免费租住在荡口镇华倩朔在黄石弄的三进空房内,这样钱伟长才得以顺利完成三年中学学业[①]。

华倩朔毕业于日本私立大学庆应义塾大学,是同盟会会员。钱伟长的父叔钱挚和四叔钱穆少年时期也是得益于族人的帮助和照顾,如钱伯圭是体育老师,还有如华倩朔为代表的华家人的支持。据说[②],钱伯圭、华倩朔这些老师不仅帮助钱穆树立了人生理想,还教会了他如何做人。华倩朔是音乐教师,后来又教授国文。钱穆因为文章做得好,华倩朔又送他许多书籍以示鼓励,包括介绍一些欧美学者刻苦自学成才的故事的图书。这些励志书籍对他后续的成功影响极大,钱穆说"余自中学毕业后,未入大学,而有志苦学不倦,则受此书之影响为大"。

[①] 钱伟长:《八十自述》,海天出版社1998年版。
[②] 智效民:《往事知多少》,云南人民出版社2004年版。

中学毕业后,钱伟长面临艰难的选择。他说,上高中"我一开始就自忖至多能再读三年书,三年后为了生活,为了养家糊口,我要凭我的能力,谋一职业","苏州高中毕业时,遇到了人生道路上又一个难关,升学还是就业"。他在这个关口考虑到自己高中以前所受的教育不很系统,断断续续从初小到高小学过八年,进过六所学校,基础不好,进一步上学深造的话在学业上困难就不少。加上家境困难,促使钱伟长不得不做两手准备,继续上学的话除了不能支撑家里外,自己读书期间的费用也成问题。

一、清寒教育基金的成立

当钱伟长正为进一步深造需要支持而发愁时,听闻上海实业家吴蕴初为清寒学子设立奖学金的消息让他看到了希望。

上海是中国近代工业发祥地,不少民族实业家是从这里崛起的。一些民族实业家在发展事业的同时,也感受到自己的社会责任。吴蕴初便是其中一位。1931年3月13日,《申报》刊登《化学专家吴蕴初发起清寒教育基金》的消息,报道吴蕴初除了自捐一万元外,还计划筹集五万元成立该基金资助青年学子。同日其他一些报刊上也刊登了消息(图2-12)。3月15日,委员会十余人在天厨味精厂开会讨论具体进行办法。蔡元培在上海期间,"出席了吴蕴初捐资建立的清寒教育基金的董事会会议,决定第一期招考自主免费学生十四名"[1],会上,吴蕴初提议"除担任基金外,再以本人在天原电化厂应得之薪资,悉数扩充特别捐。以此计算,第一期招考免费生额可扩充至十四人"。

当时潘光旦敏锐地注意到这则新闻,并表达了自己的观点。他在《青年进步》杂志专门创办有《优生月刊》,其中有一个专辑为潘光旦辑,由他亲自执笔。1931年4月15日,该辑首卷第一期发表潘光旦评论[2]《优生评

---

[1] 本报编辑部:《清寒教育基金:吴蕴初再捐天原化工厂薪金》,载《申报》1931年3月16日;高平叔:《蔡元培年谱长编(下)》,人民教育出版社1998年版。
[2] 潘光旦:《优生评论:清寒教育基金》,载《青年进步(优生月刊)》1931年4月15日。

图2-12 1931年,《新闻报》刊登《吴蕴初发起教育基金》的消息

论:清寒教育基金》,称:"上海实业界巨子吴蕴初先生发起清寒教育基金,这几天并且已经在招考津贴生。我们认为这是一件再好没有的事……所以吴先生等发起这一笔基金,是极值得我们注意赞叹的。这一笔基金似乎只预备津贴学习化学及化学工程的青年,我们希望不久又别人继起,来替在他种学问上有志趣的青年寻一条出路。"文中专门提到希望基金能够涵盖面更为宽广一些,让更多学科的优秀学子受惠。这也从一个方面反映了当时这种助学方式出现得比较少,故而期盼更多的企业家出资帮助。

二、清寒教育基金资助情况介绍

清寒教育基金的受助者是通过考试选拔的。第一次招考时间为1931年7月12日、15—16日,地点选在上海大同大学。组织者特意在中间空了两天,是为了不影响学生参加其他大学的招生考试。考试期间，基金会提供膳食，包括命题和阅卷事项也都由大同大学代为负责。7月22日，清寒教育基金第一届津贴生揭晓（图2-13），名额（含备取生）14人，分别是查云彪、张全元、魏彦章、潘尚贞、南登峰、林儒富、方栻、吴同康、宋廷干、龚洪钧、钟道树、朱启明、周家仁、郭浩清。其中潘尚贞和龚洪钧两位是钱伟长在苏州中学的同学，基金会报告上显示他们分别考入浙江大学工学院化学工程系和中央大学理学院化学系。潘尚贞1935年毕业后考取第三届留美公费生，后成为西南联合大学工学院化学工程系教授。

清寒教育基金次年第二届资助的13名学生中，苏州中学有3名；同时这一届也不再仅仅资助化学化工相关专业的学生，还有电机、机械等非化学相关专业的5名学生获得资助。至抗战全面爆发共发放六届达120余人，其中包括屠守锷、谈镐生、邹元燧、王安等人。

图2-13　1931年，《民国日报》刊登《清寒教育基金一届津贴生揭晓》的消息

关于具体资助金额,按照清寒教育基金会报告[①]记载,所列七所大学,含五所国立大学和两所私立大学,对学生的资助略有差别。以1931年秋季学期为例,第一学期资助经费从102元(国立武汉大学)到150元(国立交通大学和私立大同大学)不等。从其中三年的数据看,对私立大学学生的资助都是最高的,例如上海的私立大同大学的学生每学期获资助150元,每年300元,而国立清华大学学生获得资助的情况是,第一学年第一学期127元、第二学期110元,第二学年每学期108元。

三、钱伟长与清寒教育基金

在当时报纸报道和基金会的第一次报告里公布的第一届名单中没有发现钱伟长的名字。钱伟长是去吴蕴初那里申请的奖学金并获得了资助,以使自己能够顺利完成清华大学的学业。出于对吴蕴初的感激,钱伟长后来多次提及吴蕴初的帮助[②],并在1988年上海天原化工厂(前身即天原电化厂)成立60周年时,为纪念吴蕴初而挥毫泼墨,题词"忠诚爱国,艰辛创业,是我国二十年代以自己的科技创造建立民族工业的佼佼者。重视教育,在全国范围内设立清寒奖学金,为我国培养出一批优秀科技人才。其功绩应予崇扬";在1991年7月"蕴初先生百岁诞辰纪念"时题词"振兴民族工业,为国家培育人才"[③](图2-14)。不仅如此,天原化工厂创办的"天原杯"化学竞赛在上海乃至全国具有很大的影响,获奖的学生参加国际大赛也累获佳绩,对培养化学人才起到了推动作用。为了对此表达肯定,钱伟长曾为"天原杯"题词"乐育英才,意兴化工"[④]。

吴蕴初热心人才培养,钱伟长的一生也就是像他那样为国家计。吴

---

① 清寒教育基金协会:《清寒教育基金协会第一次报告》,1934年。
② 钱伟长:《钱伟长文选(第4卷)》,上海大学出版社2012年版;上海市嘉定县县志编纂委员会编:《嘉定县志》,上海人民出版社1992年版。
③ 王大亮:《味精大王吴蕴初》,解放军出版社1995年版。
④ 上海市历史博物馆:《都会遗踪(第14辑)》,学林出版社2014年版。

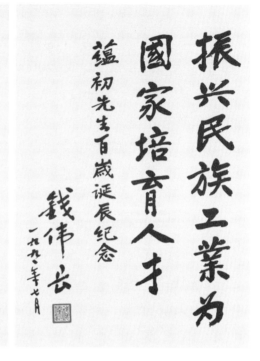

图2-14 钱伟长两次为纪念吴蕴初题词

蕴初除了设立清寒教育基金外,还积极支持各项教育和公益事业,包括对上海美专进行资助,甚至捐助"天厨号"战斗机和教练机给当时的国民政府。抗战期间,吴蕴初搬迁到大后方建厂。1945年毛泽东赴重庆谈判期间,曾会见企业界知名人士,吴蕴初就是其中之一。新中国成立后,吴蕴初从海外归国,满腔热情地投入社会主义建设。在抗美援朝中,天原厂及职工积极为国家捐款,支援志愿军购买飞机大炮。吴蕴初也积极参加捐款,并积极参加市工商联组织的集会和游行,还积极鼓励和支持在复旦大学新闻系读书的女儿吴志莲参加了志愿军。

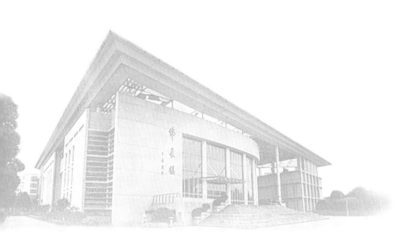

第三章　清华大学

自强不息,厚德载物。

——清华大学校训

1931年的夏天是一个新的开端,钱伟长带着对未来的思考和期待来到了清华大学,这也是他首次来这里。尽管他手里攥着多所名校的录取通知书,他还是选择了清华大学作为梦想开始的地方。当然,这里也有他的引路人——他的四叔钱穆,当时正在北平当教授,钱穆的指点也是他做出这个选择的重要原因。

第一节 1931年学生录取情况

一、各地区考录情况

（一）区域分布情况

作为国立大学,清华大学在全国范围内招收学生。1931年的招生人数在计划上较上一年有所减少,一年级新生和插班生合计减少26人。其中一年级新生减少了12人、插班生减少了14人。当年的总招生人数为222人,其中一年级新生184人、插班生38人。从地区分布看,钱伟长所在的江苏招收新生41人、插班生7人,合计48人。在总招生人数中,江苏占比最高,为21.6%,超过1/5。江苏前后两年的占比分别为1930年29.4%、1932年16.9%。1932年的状况主要是由于当年招生人数增加且大幅增加了在河北的招生人数(从1931年的总人数34人几乎翻倍到了61人)。当然,有的省份也有大幅度减少的,例如安徽;也有的省份招生人数波动较大,例如四川、山东等。各地数据参见表3-1。

（二）考录人数情况

从考录人数看,报名、应试和完场分别为:1 293 + 466 = 1 759人(加号后面的数字为报名转学即插班生考试人数,下同),1 254 + 445 = 1 699

人,1 195 + 433 = 1 628人。按照报名人数计算的录取率约为12%。

从总的人数看①,1931年的录取率较前两年有所下降,1930年报名人数为1 439人,录取人数为248人,录取率为17.2%;1929年的报名人数和录取人数分别为1 034人和234人(含备录19人),录取率为22.63%。

二、1931年前后录取标准

1931年,清华大学要求考生总平均分在54分以上,其中国文、英文、算学三门平均分在49分以上,比前后两年分数都高。1930年这两项平均分分别为50分和49分,1932年皆为45分②(图3-1)。

当年招生简章介绍,入学考试为五门必考、两门选考,合计考试七门。社会上有一种说法,说钱伟长总分是225分,以第七名进入清华大学。按照上述录取标准,总平均分至少为54分,总分至少应达到7 × 54 = 378分,哪怕只是按照五门必考科目计算,总分也应达到5 × 54 = 270分。所以这里说的225分的总分应该不是入学考试的分数。

表3-1　1930—1932年清华大学录取本科学生人数省别统计表③(单位:人)

省区＼人数＼学年	1930年大一	1930年转学	1931年大一	1931年转学	1932年大一	1932年转学
江　苏	60	13	41	7	56	8
河　北	15	5	31	3	59	2
浙　江	22	5	21	8	34	2
广　东	11	5	14	1	11	2
湖　南	5	2	10	1	22	

---

① 本刊:《国立清华大学历年本科应考及录取人数比较表》,载《清华暑期周刊》1932年第23期。
② 张维:《苏州中学国文教育研究(1927—1931年)》,华中师范大学2015年硕士学位论文。
③ 编辑部:《国立清华大学历年录取本科学生省别统计表》,载《清华周刊》1934年第41卷第13—14期。

续　表

学年 省区 人数	1930年 大一	1930年 转学	1931年 大一	1931年 转学	1932年 大一	1932年 转学
安　徽	11	3	11	3	4	2
福　建	7	2	9	1	9	2
山　东	12	2	6	3	33	
四　川	13	5	3	4	15	3
湖　北	7	2	3		9	
辽　宁	1	3	8	1	30	8
河　南	5	2	8	4	15	2
江　西	4		4	1	8	1
山　西	4		8		13	1
吉　林	5		4		7	2
广　西	2	3	1	1	4	
贵　州	5		1		1	
陕　西	1		1		5	
云　南	3				3	
黑龙江	1				2	1
绥　远	2					
热　河						
新　疆						
察哈尔					1	
宁　夏					1	
小　计	196	52	184	38	342	36
年总数	248		222		378	

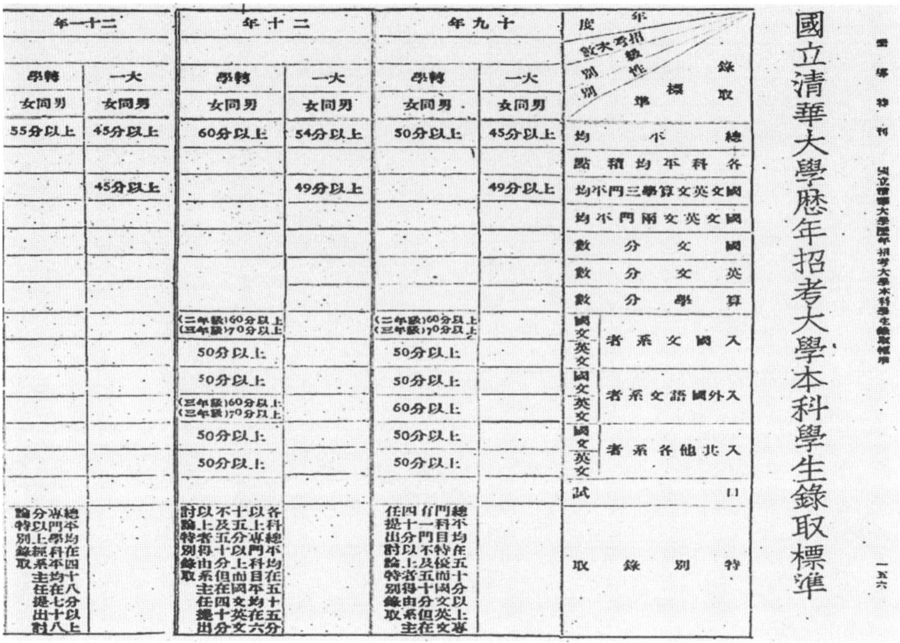

國立清華大學歷年招考大學本科學生錄取標準

錄取標準	十九年 大一 男女同	十九年 轉學 男女同	二十年 大一 男女同	二十年 轉學 男女同	二十一年 大一 男女同	二十一年 轉學 男女同
總平均不	45分以上	50分以上	54分以上	60分以上	45分以上	55分以上
各科平均積點						
國文英文算學三門平均不	49分以上		49分以上		45分以上	
國文英文兩門平均不						
國文分數						
英文分數						
算學分數						
入國文系者 國文		(二年級)60分以上 (三年級)70分以上		(二年級)60分以上 (三年級)70分以上		
入國文系者 英文		50分以上		50分以上		
入外國語文系者 國文		50分以上		50分以上		
入外國語文系者 英文		60分以上		(二年級)60分以上 (三年級)70分以上		
入其他各系者 國文		50分以上		50分以上		
入其他各系者 英文		50分以上		50分以上		
口試						
特別錄取		總平均在五十分以上專門科目特優而國文英文有一門不及五十分但在四十分以上者得由系主任提出討論特別錄取		各科總平均在五十五分以上專門科目平均在六十五分以上而國文英文不及五十分但在四十分以上者得由系主任提出討論特別錄取		總平均在四十八分以上專門學科平均在七十八分以上經系主任提出討論特別錄取

一五六

图3-1 1934年,《清华周刊》刊登《国立清华大学历年招考大学本科学生录取标准》(此为部分截图)

由于本国历史地理科目的难度大,考生成绩都小于90分,且80—89分之间也仅有6人。党义和生物学也如此,考分都低于90分;世界历史地理成绩更是连80分以上都没有。从考试科目设置看,文科学生必须选考理科科目,理科学生则可以不选考文科科目。在参加考试的考生中,超过半数选择世界历史地理作为考试科目,说明超过半数的学生是文科生。再结合录取新生中考这门科目的人数,可推算出文科生录取比例为23%弱(图3-2)。

三、新生名单中的钱伟长

钱伟长位列清华大学1931年一年级新生录取名单第十六位[①]。

---

① 清华大学:《录取新生一览表》,载《消夏周刊》第5期,1931年8月11日;清华大学校史研究室编:《清华大学史料选编(第2卷)·国立清华大学时期(1928—1937)》,1991年3月。

本国地理历史		高中生物学		高中化学		高中物理学		高中点代何叠解析		本题地理历史		清华三副代数		英文		国文		总分		科目 分数
比分百	人数	比分百	人数	比分百	人数	比分百	人数	比分百	人数	比分百	人数	分比百	人数	比分百	人数	比分百	人数	百分比	人数	
9.29	69	0.58	4	5.76	26	27.58	174	27.15	60	2.27	33	14.14	199	1.96	28					10分以下
16.82	125	4.17	29	7.32	33	20.60	130	20.36	45	10.74	156	18.04	254	6.04	86	0.27	4			10分以上
25.98	193	14.82	103	13.75	62	16.48	104	26.24	58	20.03	291	18.82	265	15.16	216	3.49	51	0.07	1	20分以上
20.86	155	22.88	159	14.41	65	10.78	68	12.22	27	27.80	404	15.84	195	24.21	345	8.41	123	0.34	5	30分以上
15.75	117	22.88	159	15.30	69	8.24	52	4.07	9	18.45	268	11.22	158	17.82	254	15.05	220	12.44	182	40分以上
7.13	53	19.71	137	15.08	68	6.18	39	3.52	8	12.32	179	8.81	124	11.51	164	26.00	381	33.83	495	50分以上
3.50	26	10.22	71	11.31	51	5.22	33	4.53	10	6.40	93	6.89	97	12.49	178	29.42	430	35.48	519	60分以上
0.67	5	4.31	30	8.65	39	2.54	16	1.36	3	1.58	23	4.33	61	8.14	116	11.83	173	14.83	217	70分以上
		.43	3	6.54	25	1.43	9			0.41	6	3.27	46	2.32	33	4.86	71	3.01	44	80分以上
				2.88	13	0.95	6	0.4	1			0.64	9	0.35	5	0.61	9			90分以上
100	743	100	695	100	451	100	631	100	221	100	1453	100	1408	100	1425	100	1462	100	1463	总计

根据1931年9月23日《国立清华大学校刊》刊登《注册部通告第七十七号（九月十九日）》，重新分组后的微积分课程组中显示"1379 钱伟长"在丙组，即钱伟长学号为1379。

图3-2　1931年清华大学一年级新生成绩分析表[①]

当年苏州中学一共有5名学生考入清华大学，钱伟长排名在最前面。另外4名学生为李忠霖（23岁）、殷炎麟（20岁）、杨玉书（21岁）和陆大年（19岁）。钱伟长为18岁。浙江嘉兴的殷炎麟和江苏昆山的李忠霖都进了西语系（西洋语文系），吴县的陆大年选的是经济系，他们后来都顺利毕业了。

尽管当年男女生同考，但是一年级女生也只有8人。从当年的考试科目设置上看，理科考生可以不必考文科科目，文科考生则必须选考一门理科科目，因为在五选二的选考科目中只有世界历史地理一门文科科目。当年录

---

① 清华大学：《录取新生一览表》，载《消夏周刊》第5期，1931年8月11日。

取成绩也较上年提高,所以当年录取较多的是理科生。

钱伟长当年也选考了理科科目,按他自述的说法,应该是考了物理。

这里展开介绍一下新生录取名单上的几位。排在第一位的杨定九(18岁,河北遵化人,毕业于北平师大附中)、第二位的邵毓秀(19岁,浙江金华人,毕业于浙江省立第七中学)同时考取了清华大学和交通大学唐山工程学院(后来的唐山铁道学院和西南交通大学),他们选择了就读唐山工程学院土木系,毕业后邵毓秀去了美国耶鲁大学,而杨定九后来成了郑州铁路局高级工程师。当时同时考取多所大学的这种现象比较多,钱伟长自己就是,如他在清华大学的同学李斯彦也是。据文献记载,钱伟长还同时考取了中央大学[①]、交通大学唐山工程学院[②]等。如果他去唐山的话,那就和杨定九、邵毓秀成同学了。

排名第三位的张明哲(18岁,湖北汉川人,毕业于北平师大附中),就读于清华大学化学系。后去美国麻省理工学院,1937年获硕士学位,1940年回国,在西南联合大学任教。1946年赴台,在台湾大学等校任职任教。

排名第四位的汪德熙(18岁,江苏灌云人,毕业于北平师大附中)清华大学化学系毕业后旋升读研究生。1938年任教于中国大学,后到西南联合大学任教。1941年留学美国麻省理工学院化工系,1946年获博士学位,同年回国。1980年当选中国科学院学部委员(院士)。这里多介绍一下汪德熙的背景,也许会给我们一些启示。他父亲汪寿序是江苏海州的秀才,家里父兄支持他考入了有名的两江师范接受现代教育。其毕业后,辗转受聘到南京临时政府任职,后随政府搬至北京居住。汪寿序养有四子,后来成就了三位科学家、两名院士、一个实业家。汪德熙就是院士之一,另一个是老二汪德昭。汪德昭,1905年生,1923年毕业于北京师范大学物理系,后到巴黎大学学习,1940年获博士学位。此间,他与朗之万教授密切

[①] 《国立中央大学二十年度新生录取揭晓》,载《中央日报》1931年7月30日。
[②] 《交通大学唐山工程学院录取新生广告》,载《申报》1931年8月25日。

合作，完成了著名的"朗之万-汪德昭-布里加理论"。1956年归国，一直从事水声学研究。1957年当选中国科学院学部委员。他们的大哥汪德耀是著名的细胞生物学家和生物科学教育家，我国细胞生物学创始人和开拓者之一。汪德耀，1903年生，参加过五四运动。1921年中学毕业后考取公费留学，赴法国里昂中法大学攻读生物学，1925年获理学硕士学位。翌年，转入巴黎大学，师从著名胚胎生物学家万特倍尔教授等，1931年获理学博士学位。1932年回国，长期在厦门大学工作①，曾任厦门大学校长。三兄弟在江苏省灌云县当地被称为"板浦三汪"。他们的四弟汪德宣，1914年生，抗战期间曾以经商为名从事地下工作，新中国成立后在国家机关以及到香港工作②。

排名第五位的陈新民（19岁，安徽望江人，毕业于南开中学），和汪德熙都是钱伟长后来多年的至交。1938年，钱伟长从天津辗转到云南昆明，一路上就有汪德熙等做伴。他们当时在天津和叶企孙老师一道，与熊大缜等诸多同学一起以各种形式参与抗战。

陈新民年幼时随家庭四处迁移，生活漂泊，断断续续上了几年私塾，后考入天津南开中学。南开中学毕业后考入清华大学就读化学系。他从清华大学毕业的时候本来已经以考分第一考取化学专业研究生，但是当时日寇在华北横行，局势动荡，于是他南下在南京一家公司任职。1939年冬，他辗转到达云南昆明。次年冬，在昆明参加了清华大学公派留学生的选拔考试，1941年进入美国麻省理工学院，在冶金研究所攻读博士学位。1946年回国后任北洋大学、清华大学教授。北平解放前夕，他是民主教授中的少壮派，参与护校工作，在师生中很有影响，是清华大学有名的四根台柱子之一（钱伟长语）。陈新民后来成为我国著名的化学家，中国科学院院士；曾

---

① 政协灌云县委员会文史资料委员会：《灌云文史资料（第7辑）》，1997年11月；王志国、周宁主编：《连云港文化概观》，新疆人民出版社1998年版；周川：《中国近现代高等教育人物辞典》，福建教育出版社2018年版。
② 政协灌云县委员会文史资料委员会：《灌云文史资料（第7辑）》，1997年11月；中共北京市委党史研究室：《中国共产党北京历史（第1卷）》，北京出版社2011年版。

担任民盟湖南省主任委员、民盟中央常委等职务。1951年他响应中央政府号召,举家从北京搬到长沙筹建中南矿冶学院(现中南大学)并担任首任校长。长沙市有两条"新民路",一条位于岳麓山东门,这条路上有著名的新民学会旧址。另一条新民路位于中南大学内,旨在纪念我国现代冶金高等教育的开拓者、中南大学的奠基者陈新民。校内还有一座陈新民雕像,其上刻着费孝通、钱伟长两位民盟领导人对陈新民的高度评价。费孝通的题词是:无私奉献,后人楷模。钱伟长的题词是:求实师表,治学典范。

钱伟长这样回忆他们当年的友谊[①]:"与科学结缘,是新民先生进入中学以后的事。鲤鱼跃龙门,他没有经过小学阶段,直接考入久负盛名的天津南开中学。这所哺育过周恩来的学校,崇尚新学,民主和科学的气氛很浓。他萌发了'教育救国''科学救国'的志向,勤奋学习数理化知识,终于在19岁那年,即1931年秋,成为清华大学的学生。当时,我在物理系,他在化学系。我选了不少数学课和化学课,他选了物理课和数学课,这样,我们很多时候同在一个教室上课。'七七事变'后,新民先生与许多知识分子一样,纵然有满腔抱负,希望为国效力,却无用武之地。他与几个同学撤到大后方。1940年冬,他考取清华大学(已迁昆明)公派留学生,去美国麻省理工学院攻读冶金博士学位。我先去加拿大,后来也到了美国加州理工学院。1946年,中国的抗日战争取得胜利后,我们都从美国回来,他先是在北洋大学任教。1948年9月后,他回到清华,我们同在清华大学任教。"

1992年11月,为了纪念陈新民教授在科学和教育上的贡献,中南大学(中南工业大学)决定设立"陈新民奖励基金"。1997年11月,作为陈新民奖励基金荣誉会长的钱伟长专程到长沙出席陈新民奖励基金首次颁奖仪式,并为在场的两千余师生作了一场生动的报告。他深情地回忆了与陈新民的友谊以及为祖国科教事业奋斗和学习工作的历程,勉励青年

---

① 钱伟长:《钱伟长文集(上)》,上海大学出版社2013年版。

一代继承先辈开创的事业,为民族振兴不懈努力①。

排名第七位的罗沛霖(即罗霈霖,18岁,浙江山阴人,毕业于南开中学)和排名第十五位的林士谔(19岁,广东平远人,毕业于北平汇文学校),也是同时考取了上海交通大学和清华大学。罗沛霖选择了上海交通大学就读。他父亲罗朝汉是我国早期电信界知名的耆老,在天津创办天津电报学堂。罗沛霖毕业后工作,1937年抗战全面爆发后前往陕甘宁边区和延安。后党组织决定派他前往重庆在中共中央南方局领导下工作,1940年和孙友余、周建南等同志一起创立了中国青年科学技术人员协进会,并担任干事。1945年,毛泽东参加重庆谈判期间接见过他们。1947年钱伟长回国后,罗沛霖到清华大学看望钱学森,正好与叶企孙一道陪同钱学森、钱伟长参观颐和园,一路上做了不少交流,这是钱伟长和罗沛霖第一次见面。1948年,党组织派遣罗沛霖去美国学习也是接受了钱学森的建议。他去的是加州理工学院。1949年底,美国联邦调查局人员还专门找罗沛霖调查钱伟长和钱学森的材料,为加害和无端指控钱学森收集证据②。罗沛霖1950年回国。他为新中国的电子工业作出了奠基性和开拓性的贡献,1980年当选中国科学院学部委员(院士)。他还积极参与成立中国工程院并当选首批院士(1994年)③。

林士谔也是去了上海交通大学学习电机工程。他是我国著名航空自动控制学家,北京航空学院自动控制系教授④。1935—1939年公费留学美国,在麻省理工学院航空系读研究生,先后取得硕士和博士学位。1940年后在成都、厦门等地工作,后回到北京任教于清华大学和北京航空学院。1943年创制成功膜盒式真空速度表,获得发明奖状和奖金。博士论文《飞

---

① 《中南大学年鉴》编辑委员会编:《中南工业大学年鉴(1998)》,1998年。
② 冉淮舟:《共和国科学拓荒者传记系列——罗沛霖传》,中国青年出版社2016年版。
③ 王咸昌主编:《当代中国自然科学学者大辞典》,浙江大学出版社1992年版;冉淮舟:《共和国科学拓荒者传记系列——罗沛霖传》,中国青年出版社2016年版。
④ 《中国科学家辞典》编委会编纂:《中国科学家辞典·现代第三分册》,山东科学技术出版社1984年版。

机的自动孔控制理论》发表于《数学及物理杂志》。论文中他首创应用尾部二阶（m阶）劈因子法，求解控制系统中高阶特征方程的实根和复根。这一方法后来被誉为"林士谔方法""林士谔-赵访熊法"等，1963年在《数学进展》杂志上有专门介绍，1979年他又有所改进[①]。现在的计算数学教材都会对这种方法作介绍。

新生录取名单上排在第四十九位的熊大缜（18岁，江西南昌人，毕业于北平师大附中），他和钱伟长也是要好的同班同学。这里暂不作介绍。

排名第八十一位的乔守琮（18岁，山西祁县人，毕业于南开女中）和排名第八十六位的乔守玓（20岁，山西祁县人，毕业于南开女中），她们是两姊妹。这个乔家就是电影《乔家大院》里的那个山西乔家。两姊妹都进了清华大学化学系。她们的父亲就是山西祁县乔家的乔映辉，字蕴山，生于清光绪九年（1883），1968年病故。乔映辉个性上不善言语，曾在上海督办"在中堂"南方各地的商务。他沿袭了乔家尊师重教的传统，教子有方，三子四女皆接受了高等教育或留学[②]。

[①] 张奠宙：《中国现代数学史略》，广西教育出版社1993年版；李连升编著：《雷达伺服系统》，国防工业出版社1983年版。

[②] 骆宝善、刘路生主编：《袁世凯全集（第33卷）》，河南大学出版社2013年版；祁县志编纂委员会编：《祁县志》，方志出版社2018年版。

第二节　入学后舍文从理

1931年，钱伟长进入清华大学学习。9月14日开学典礼①当天，代理校长翁文灏做了一番颇具特色的发言②，这位上海震旦大学毕业、留学比利时鲁汶大学的地学博士，7月方才代理清华大学校长。9月15日，翁文灏离职赴南京履新，理学院院长叶企孙代理校务。10月14日，国民政府正式任命梅贻琦为校长。

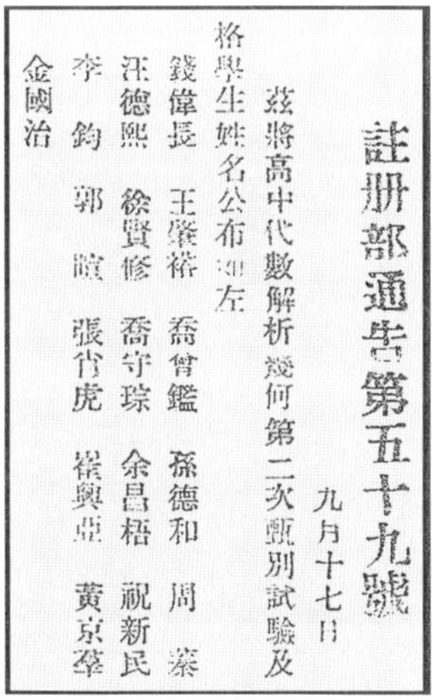
註册部通告第五十九號
九月十七日
茲將高中代數解析幾何第二次甄別試驗及格學生姓名公布如左
錢偉長　王肇裕　喬曾鑑　孫德和　周森
汪德熙　徐賢修　喬守琮　余昌梧　祝新民
李鈞　郭曈　張肖虎　崔興亞　黃京羣
金國治

图3-3　1931年，《清华周刊》刊登《注册部通告第五十九号》

入学后有许多事情需要处理，比如有些课程需要进行进一步甄别考试。9月17日，钱伟长通过高中代数解析几何第二次甄别试验（图3-3）。9月19日，钱伟长分入微积分班丙组，学号1379，

① 本刊：《举行二十年度开学典礼志略》，载《清华周刊》1931年8月18日。
② 周川主：《中国近现代高等教育人物辞典》，福建教育出版社2018年版。

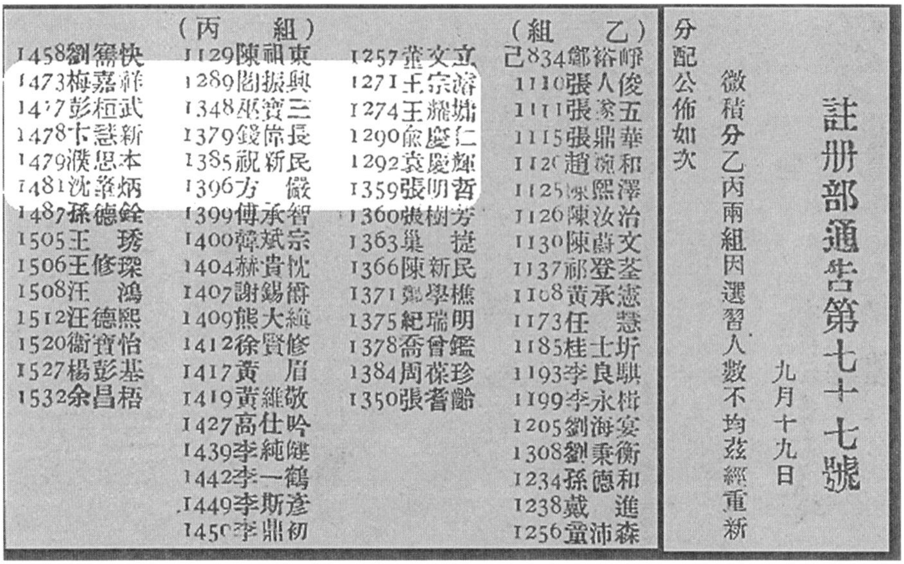
註册部通告第七十七號

九月十九日

微積分乙丙兩組因選習人數不均茲經重新分配公佈如次

（乙　組）
834鄒裕嶸
1110張人俊
1111張篆五
1115張鼎華
1120趙滌和
1125陳熙澤
1126陳汝治
1130陳蔚文
1137祁登荃
1168黃承憲
1173任　慧
1185桂士圻
1193李良騏
1199李永楷
1205劉海宴
1308劉秉衡
1234孫德和
1238臧　進
1256童沛森
1257董文立
1271王宗濬
1274王耀掂
1290俞慶仁
1292袁慶輝
1359張明哲
1360張樹芳
1363巢　捷
1366陳新民
1371鄭學樵
1375紀瑞明
1378喬曾鑑
1384周葆珍
1350張耆齡

（丙　組）
1129陳祖東
1289陶振興
1348巫寶三
1379錢偉長
1385祝新民
1396方　儼
1399傅承智
1400韓斌宗
1404赫貴忱
1407謝錫爵
1409熊大縝
1412徐賢修
1417黃　眉
1419黃維敬
1427高仕吟
1439李純健
1442李一鶴
1449李斯彥
1450李鼎初
1458劉[illegible]快
1473梅嘉祥
1477彭桓武
1478卞慧新
1479濮思本
1481沈維炳
1487孫德銓
1505王　琇
1506王修璟
1508汪　鴻
1512汪德熙
1520衛寶怡
1527楊彭基
1532余昌梧

图3-4　1931年，《清华周刊》刊登《注册部通告第七十七号》

与熊大缜、彭桓武、汪德熙等同班（图3-4）。

一、物理系本科的要求

开学后不久，钱伟长面临着专业选择的问题，他没有太多犹豫，坚持要学物理。

根据1931年《清华周刊》所载物理系学程一览和介绍[①]，关于物理系的选课规则有五条具体要求，本系课程要求50学分，实验要求至少12学分，可见强调实验的重要性。以叶企孙为代表的物理系教授，在物理教学上是非常强调实验的。物理系初创时，他们注意建立实验室，提倡理论与实践并重、教育与科研并重。叶企孙和郑衍芬合编的《初级物理实验》，成为当时大学普通物理实验教材。教授们重视科研工作，更重视实验室工作。对学生的教学实验非常重视，学生经常要从借用仪器设备开

① 本刊：《清华大学本科学程一览（附表）》，载《清华周刊》1931年第35卷第11/12期。

始,独立自主地按指示书安排实验。学生从实验中得到的训练,远远超过在助教安排好的实验桌上做一些测定工作的实验课上所得到的训练。教师除了指导学生上实验课外,都有自己的实验科研课题,夜以继日地工作。他们从事的这些研究在当时都是物理学的前沿热点问题,老师的行为给学生们树立了很好的榜样,钱伟长和他的同学们也都重视实验为基础的科研活动,而且受益终生。

由于物理系课程重,规则要求"本系学生应选修之学程及其在各学生分配之分量,随各人之趣向及需要而定,拟入本系者应先与本系主任面商,以便拟定将来选修之程序"。想进入物理系学习的学生,除了有兴趣外,还要和系主任当面商议将来的选修课程。

规则还明确要求以本系为主系者,必修微积分、微分方程以及大学普通化学这类基础课。这表明物理系对基础课程的重视。规则还特别指出:"凡大学普通物理之全年成绩不及中等者,不得入物理系。"

时任物理系系主任吴正之(吴有训)教授提笔撰写的物理学系概况介绍道:"本系自最浅至最深之课程,均注重于解决实际问题及实验工作,力矫现时高调及虚空之弊。大学一、二年级功课,为本系基本课程。"介绍中也写清楚了物理系人才培养的三个目标:培养物理学之专门研究者;训练中学、大学之物理学教师;供给其他各系学生所需之物理学知识。吴有训强调,物理系课程很难,又注重实践,因此奉劝选择者慎重。

在9月由系主任吴有训执笔的物理系介绍中,再次强调如下:

(一)选修大学普通物理的条件 凡入数理化及工程各学系的学生,均须必修本系所开的大学普通物理,但是学习该学科者,必须入学考试的物理分数,在六十分以上。否则,须受甄别试验;及格的,可以注册,不及格的须补读高中物理……

(三)本系课程 本系自最浅至最深的课程,均注重于解决实际问题和实验工作,力矫现时的高调及空虚的毛痕。大学一、二年级功课,是本系的基本课程,须特别留意。凡大学一年级所读普通物理成绩不到中等者,不得入物理学系,这是一条要紧规则,须得注意!①

这些对物理系学生的要求,在次年即1932年的选课规程里仍照此列出。总结成五条:一是学分要求;二是本系学生需要与系主任面商选课事宜;三是对必修课的要求;四是实验要求;五是"凡大学普通物理之全年成绩不及中等者,不得入物理学系"②。

二、对物理系教授们的敬佩

钱伟长在《八十自述》③中这样记述他的老师们:"我在大学本科四年中,得了终生难忘的良好教育。当时物理系有吴有训、叶企孙、萨本栋、赵忠尧、周培源、任之恭等6位知名教授,不仅讲课动人,而且同时都刻苦努力在实验室里从事自己的实验研究工作,他们经常工作到深夜。系内学术空气浓厚,师生打成一片,学术讨论'无时不在也无地不在',有时为一个学术问题从课堂上争到课堂下。到高年级时,有不少同学因为实验工作而以实验室为家。在同学中自学已形成风气。系里经常有研讨会,有时还有欧美著名学者短期讲学,学术访问,如欧洲著名物理学者波尔(N. Bohr)、笛拉克(P. Dirac)、朗之万(Paul Langevin)都在清华讲过学,使同学接触到世界上第一线的问题和观点"。"那时的清华物理系可以说盛极一时。我就是在这样的环境下得到了锻炼。"

吴有训是影响钱伟长一生的重要人物之一。对于吴有训老师,钱伟长说,他"非常重视实验的培养","吴老师和叶企孙教授一样,非常重视科学知识的全面培养"。他还讲到吴有训当年说服班上的"状元"同学陈新民转学

---

① 本刊:《清华大学本科学程一览(附表)》,载《清华周刊》1931年第35卷第11/12期。吴有训:《清华大学各学院概况:理学院概况——物理学系》,载《消夏周刊》1931年第7期。
② 李森主编:《民国时期高等教育史料续编》第二册,国家图书馆出版社2016年版。
③ 钱伟长:《八十自述》,海天出版社1998年版。

化学的故事,因为吴有训"认为他在化学上更有潜力"。

吴有训(1897—1977),字正之,江西高安人。父亲是乡下经商的。自幼在私塾里读书,1912年考入高安县有名的瑞州中学,后该中学与南昌二中合并。1916年,从南昌二中毕业,同年考入南京高等师范学校理化部。1918年秋,胡刚复从美国哈佛大学物理系获得博士学位回国,到南京高等师范学校理化部任教。胡刚复在哈佛大学期间就熟悉国际上物理学在X射线方面的动态,吴有训这个聪慧好学、动手能力强的学生得到了他的赏识和指导。1920年,吴有训毕业后回到母校南昌第二中学、上海公学等校任物理教员。不久,他收到胡刚复老师告知的关于江西省官费留学美国的信息,并顺利考取赴美留学。1922年1月,吴有训进入美国当时非常著名的芝加哥大学物理系。选择芝加哥大学也是胡刚复老师的建议,这所学校在中国有很好的声誉,如杨武之、梅贻琦、杨振宁、李政道、高士其、连战、吴阶平等人皆毕业于该校。20世纪上半叶,世界上有一大批著名的物理学家云集于芝加哥大学,这里成为全球物理学重镇之一。1923年,物理学家康普顿(A. H. Compton)到芝加哥大学物理系任教,并成了吴有训的博士指导教授。康普顿发现电磁波的波长有一种变化的现象,后来被物理学界称为"康普顿效应"。吴有训参加了关于这个效应的深入研究工作,很快获得了一些新的发现,并连续在《美国科学院院报》(PNAS)1924年第10卷和1925年第11卷上发表相关文章。1926年回国后,由于时局混乱,吴有训先后在南昌、南京等地高校任教。1928年,清华大学物理系主任叶企孙经多方联系,聘请吴有训为清华大学教授,并将其薪水定得比自己高。吴有训与叶企孙有许多相同、相似之处。吴有训比叶企孙大一岁,而叶企孙比吴有训早留学三年半,早两年回国,两人都在南京高等师范学校(东南大学)工作过,也都在芝加哥大学就读过。可以说他们两人是东南大学、芝加哥大学和清华大学三所大学的共同校友。他们都是物理学博士,同一专业,都重视动手能力和物理实验工作,双方相互钦佩对方的人品。所以,吴有训到清华大学与叶企孙一起工作,如鱼得水,可以充分发挥自己的才华。1930年和1931年,吴有训先后在《自然》(Nature)上发表两篇论文,介绍自己的最新研究成果,进一步奠定了他在清华大学和中国物理学界的学术地位。叶企孙有几次在和学生交流的时候都自谦说:我的水平不高不要紧,我给你们请来了水平高的吴有训、赵忠尧等这些大家来教你们[1]。

钱伟长在《怀念我的老师吴有训教授》[2]一文中这样评价道:"1931年我从中学毕业考入清华大学时,吴有训教授在全校师生的心目中,是一位声望很高的青年教授。当时同学中都绘声绘色地传颂着吴有训教授那种坚持正义、不畏强暴的正直形象。在以后长期的接触中,使我更深切地体会到,他以这样的品德教育陶冶着我们下一辈学生们。"

学术上,钱伟长也深为吴有训的科学研究成就而佩服他,特别是吴有训在"康普顿效应"上的研究工作成果。钱伟长这样说:"在青年教师和学生中,大家都以有这样一位教授当物理系主任而感到荣幸。在清华四年中,我听了吴老师的大学普通物理、光学、近代物理和X光学四门课,毕业后又考入研究院,在吴老师指导下进行过一整年的X光衍射实验工作。他的治学态度、教育精神,以及在管理上以身作则的严格要求,对我们影响很深,都成为我们终生学习和工作的楷模。"可见吴有训在钱伟长心目中的地位。

钱伟长进入清华大学后不久遇到的另一位老师是叶企孙。当时叶企孙代理清华大学校务,直到10月份梅贻琦接任校长。

叶企孙(1898—1977),原名叶鸿眷,号企孙,上海人。父亲叶景沄毕生致力于教育,曾担任北平清华学校国文教员六年,后任上海教育会长。1911年上海敬业学校(今敬业中学)毕业后,叶企孙考入清华学堂读书。这年10月辛亥革命爆发,学校停课后返沪,就读于兵工学校。实业家吴蕴初曾经担任他的化学老师。

---

[1] 何学良、李疏松、(美)何思谦:《海国学志——留美华人科学家》,上海人民出版社2007年版;晓亮编:《从清华走出的教育家》,中国三峡出版社2011年版。
[2] 吴有训百年诞辰纪念活动筹备委员会主编:《吴有训百年诞辰纪念文集》,中国科学技术出版社1997年版。

1913年夏,用叶企孙这一名字重新考入清华学校高等科学习。就读期间,经常在学校刊物上发表文章,如《清华月刊》上的"The History of Astronomy in China"(《中国天文学史》)、《清华学报》上的《考正商功》和"The History of Mathematics in China"(《中国算学史略》)等。1918年夏,从清华毕业后进入美国芝加哥大学物理系插班读三年级。毕业后又进入哈佛大学研究院攻读实验物理,这期间的1921年春,与W. Duane 和 H. H. Palmer 合作精密测定普朗克常数,并于4月在《美国科学院院报》(PNAS)发表"A Remeasurement of the Radiation Constant, h, by Means of X-Rays"[1](《用X射线方法重新测定普朗克常数h》)。所得h值为国际物理学界沿用十多年。

1922年,在 P. W. Bridgman[2] 指导下研究高压磁学。次年6月,完成博士学位论文"The Effect of Hydrostatic Pressure on the Magnetic Permeability of Iron, Cobalt, and Nickel"(《流体静压力对铁、钴、镍磁导率的影响》),获哲学博士学位。

1924年3月,经欧洲回上海,到南京东南大学任教。1925年9月,接聘到清华学校新创立的大学部任教;次年筹建物理系,任系主任[3]。1929年,清华大学理学院成立,叶企孙任首任院长并创设理科研究所,研究所下设算学部、物理学部、化学部和生物学部,开始招收研究生。

叶企孙先后引进周培源教授、吴有训教授等,这些人后来都是我国物理学界的学术权威。叶企孙总是在教学第一线,还与郑衍芬合作编写《初等物理实验》一书用作教材。

钱伟长入学后申请就读物理系的过程中,也去叶企孙那里寻求指导。叶企孙老师平易近人,他的指导让钱伟长终生难忘。在清华大学学习期间,

---

[1] William Duane, H. H. Palmer and Chi-Sun Yeh. PNAS, Vol. 7(8)(Aug. 15, 1921), pp. 237-242.
[2] P. W. Bridgman,美国物理学家。1942年担任美国物理学会主席,1946年因超高压装置的发明和在高压物理学领域内的发现而获诺贝尔物理学奖。
[3] 钱伟长主编:《一代师表叶企孙》,上海科学技术出版社1995年版。

钱伟长一直受到叶企孙的指导,包括在他的指导下完成了大学毕业论文,一二·九运动期间、卢沟桥事变后撤离过程中以及到了昆明西南联大后的日子。

1931年,叶企孙积极参与筹备成立中国物理学会,并当选中国物理学会副会长。

1948年,当选中央研究院院士。1955年,被选聘为中国科学院学部委员。叶企孙一生为我国物理学作出了巨大贡献,享有崇高的声誉,是著名的物理学家、教育家,中国近代物理学奠基人,被称为中国物理学界的"一代宗师"。钱伟长说,叶企孙是对他影响最深的老师之一,叶企孙老师热爱祖国,热爱科学,关心青年,以毕生精力培养人才。他为我国培养了大批科学事业的奠基人。他的一生是一个现代中国知识分子为爱国事业尽了应尽的责任的一生[①]。

钱伟长经常提到老师中,赵忠尧(著名核物理学家,后来当选中国科学院院士)当然也是一位。

赵忠尧(1902—1998),浙江诸暨人。1925年,从东南大学化学系毕业后到清华大学做助教,协助叶企孙创办物理系。1927年夏,26岁的赵忠尧来到美国加州理工学院做密里根(R. A. Millikan,1923年诺贝尔物理学奖得主)的研究生。赵忠尧选择了颇具挑战性的问题"硬伽玛射线通过物质时的吸收系数"。

这个实验研究做了一年多时间后,获得了重要的成果。1930年5月,赵忠尧的论文"The Absorption Coefficient of Hard γ-rays"(《硬伽玛射线的吸收系数》)在《美国科学院院报》(PNAS)正式发表。有意思的是,赵忠尧的导师密立根关于宇宙射线的文章"The Significance of Recent Cosmic-Ray Experiments",也在该刊同一期发表。

赵忠尧在这篇论文中首先向世界宣布:硬伽玛射线通过轻重不同的元

---

① 钱伟长主编:《一代师表叶企孙》,上海科学技术出版社1995年版。

素，会出现吸收系数差异极大的奇特现象，即反常吸收现象。这种反常吸收现象促使赵忠尧进一步探索硬伽玛射线与物质相互作用的机制。于是他自己提出并设计和操作实验。通过夜以继日的工作，克服重重困难，他取得了又一个新的实验结果。通过实验，赵忠尧首次发现：伴随着硬伽玛射线在重元素中的反常吸收，还存在一种从未见过的特殊辐射现象。赵忠尧很快撰写了第二篇论文"Scattering of Hard γ-rays"[1]（《硬伽玛射线的散射》）于1930年10月发表在美国《物理评论》杂志上。赵忠尧的实验研究结果引起了物理学界的重视。他在加州理工学院的同学安德逊（C. D. Anderson）就对此非常感兴趣。在赵忠尧研究的启示下，1932年，安德逊在宇宙射线的云雾室照片上观察到正电子的径迹。此后，人们对反常吸收和特殊辐射才有了新的认识。对这些实验结果做进一步分析后，物理学家们终于认定，反常吸收是由于部分硬伽玛射线经过原子核附近时转化为正负电子对，而赵忠尧首先独自发现的特殊辐射则是一对正负电子对湮灭并转化为一对光子的湮灭辐射。也就是说，如果把人们已经发现的电子称为负电子的话，那么，赵忠尧及安德逊则第一次发现了正电子的存在；如果把已经发现的负电子称为物质的话，赵忠尧则是在世界物理学界第一个观测到正反物质湮灭的人，因而他也是物理学史上第一个发现反物质的物理学家。

1936年，发现正电子的研究成果获得了诺贝尔奖，但是获奖者名单中并没有赵忠尧的名字，只有1932年在云雾室中观测到正电子径迹的安德逊的名字。关于这段公案，有不少文章讨论过，笔者就不做深入介绍了，有兴趣的读者可以通过网络检索相关文献[2]。

赵忠尧是一位擅长实验的物理学家。他从英国剑桥大学学成归国时，卡文迪许实验室（Cavendish Laboratory）卢瑟福（Ernest Rutherford）博士将50

---

[1] Chao, C. Y. Scattering of Hard γ-rays. *Physical Review*, 1930, 36(10), 1519-1522. doi:10.1103/PhysRev.36.1519.

[2] 段治文、钟学敏：《核物理先驱赵忠尧传》，浙江人民出版社2007年版；李炳安等：《赵忠尧：电子对产生与湮灭》，载《大学物理》1991年第2期；Cao, Cong. Chinese Science and the "Nobel Prize Complex." *Minerva*, 2004, 42.

毫克放射性镭交给了他。赵忠尧视为珍宝，带回国内后成了清华大学珍贵的实验材料。卢沟桥事变后，北平陷落，赵忠尧冒着生命危险将这些镭想方设法从日军占领下的清华大学弄出来，带在身边南迁。一路上，他有时化装成难民，冒着生命危险将装镭的铅筒放在咸菜坛子、玻璃瓶等不同的容器里，历经千辛万苦经长沙、香港、越南海防等辗转将镭带到了昆明。传说他到昆明时一副乞丐的样子，同事都不能认出他了。

在钱伟长的记忆中[①]，"赵忠尧教授开设电磁学、光学和原子物理等课，同时进行伽玛射线的实验研究工作。不论什么时候，即使在深夜，我们都能看到赵教授在铅砖堆里工作着。当时清华物理系有50毫克放射性源，这是国内独一无二的宝贝了。其他所有的实验室，不论X光实验室、近代物理实验室和赵教授的实验室设备都很简陋，许多设备是自制的，而用这些设备作出了国际公认的成绩"。后来，2002年在纪念赵忠尧诞辰100周年时，钱伟长深情地说："我的老师赵忠尧教授是中国原子能之父，王淦昌、钱三强等都是他的学生……只有这样的爱国老师才能培养出那么多优秀人才。"[②]

周培源是钱伟长就读清华大学两年之前即1929年回国担任母校教授的，之前他在海外进行了五年的留学生活。周培源（1902—1993），江苏宜兴人。1919年春爆发了震惊中外的五四运动，这时周培源在上海圣约翰大学附中读书不到一年半。上海的大学生、中学生也动起来，周培源满怀热忱，积极参加这一触及帝国主义和反动当局灵魂的反帝爱国运动。这种爱国热情自然激怒了充当帝国主义走狗的校方，有几十个带头的学生被开除，周培源便是其中之一。回到老家不久，他从报纸上得知北平清华学校在江苏招收五名插班生，便毅然赴南京报名参加考试。

清华学校是1912年由清华学堂改称的。此时学校分中等、高等两科，每科四年。从中等科到高等科的一、二年级相当于现在六年制的中学，而高等

---

① 宜兴市政协学习和文史委员会编：《宜兴文史资料》第26辑《周培源专辑》。
② 《赵忠尧："大师们的老师"》，载《学习时报》2022年7月13日。

科三、四年级则相当于普通大学一、二年级。高等科毕业生经过筛选确定为品学兼优者可直接派往美国留学,插入当地大学二、三年级。

周培源顺利考入清华学校,插班进中等科三年级,由于他各科成绩优异,一个月后就升入四年级。在读高等科三年级时,他在学习了解析几何以后,把解析几何引入三等分角的研究,提出了两种解法。他当时的数学老师郑之蕃认为是创新之举,并建议他将《三等分角法二则》拿去发表。一年后的1924年,该文刊登在《清华学报》第1卷第2期上。

1924年秋,周培源和考取留美的同学一道从上海乘船到美国西海岸,他到芝加哥大学读二年级。1927年春,周培源硕士毕业后转到帕萨迪那,进入加州理工学院攻读博士学位。由于他扎实的学术基础,特别是数学功底好[①],一年后的1928年春,就获得博士学位毕业。在美国东部的几所学校短期访问后,10月份周培源到德国莱比锡大学进行博士后工作,跟随量子力学主要创始人海森堡教授(Werner Karl Heisenberg)研究量子力学。1929年上半年,又转往瑞士苏黎世高等工业学校,师从泡利教授继续从事量子力学研究,直至回国。

1936年,周培源再次来到美国,进入普林斯顿高等研究院工作,与爱因斯坦共事。一年后回到国内,一直从事相对论和湍流方面的研究,取得许多重要成果。

钱伟长回忆道:"周培源教授是当年物理系中最年轻的教授,他主讲理论力学,还担任着高年级的相对论、电动力学、统计力学等理论物理的课程。在讲课中鼓励同学随时提问,甚至展开热烈辩论。我记得在讲滑轮时,曾展开了猴子爬滑轮问题的辩论,一连两堂没有讲课只是展开辩论。这样用一个普通的有趣问题,使每一个学生深入理解了动力学和静力学的本质差别,从而缩短了其他章节的讲解时间,这种讲课方法很受同学们的欢迎,使同学

---

① P. Y. Chou. A New Derivation of the Lorentz Transformation. *Ann. of Math.* (2) 29 (1927/28), no. 1-4, 433-439.

们感受到这种讲授过程贯彻了民主精神,增强了学生学习的自尊心和自信心。同学们普遍认为这样启发引导同学主动钻研问题是好的。当然,有时师生为一个问题,在课堂上争得面红耳赤相持不下的情况也是有的,但从未损害过师生感情。周教授在平常生活中也是平等对待学生的,不论是在校园里还是周府客厅里,都可以平等地敞开议论各种问题。在周培源教授的影响下,物理系有许多学生如王竹溪、彭桓武、林家翘等,走上了理论物理的研究道路。"[①]

三、立志科学救国

在中学里钱伟长爱好文科,特别是家族中长辈的影响使得他在文史方面了解得更多,有更好的基础,而对理科特别是数学、物理视为畏途。入学后正值九一八事变爆发,和大多数青年一样,钱伟长心中"科学救国"的热情被激发了出来。可是他自己并不深刻理解科学到底是什么,以为数理化即科学,所以钱伟长决心舍弃自己基础较好的文史学科,转而学习物理。按照他晚年的说法,"就是要学习制造飞机大炮"。钱伟长以文科见长,加上入学考试的时候文科成绩也很好,读文科自然是理所当然的了,中文系、历史系的老师了解了他的成绩后都欢迎他去,但钱伟长坚持非学物理不可。应当说,钱伟长的坚持,和他对吴有训这样鼎鼎大名的物理学教授的仰慕也不无关系。

钱伟长打定主意去找吴有训教授申请。吴有训了解了钱伟长的情况,同时还征求了他四叔钱穆的意见,极力劝导他学中文或历史,说那也是国家民族所需要的。钱伟长是一个很有主见的人,认准的事情坚持要去做,他反复找吴有训申请,充分发挥自己的沟通能力,反反复复表达自己的坚定信念。吴有训没有料到他所面对的是一个下定决心、态度坚决的青年,经过一个多星期的恳谈,最后吴有训同意钱伟长在物理系试读,

---

[①] 宜兴市政协学习和文史委员会编:《宜兴文史资料》第26辑《周培源专辑》。

但是要钱伟长保证在学年结束时物理和微积分的成绩都超过70分,同时选修化学,还要加强体育锻炼,向马约翰教授学习。

通过申请进入物理系学习以及后面和吴有训的更多接触,钱伟长不仅对这位吴教授的学术造诣深感佩服,而且对他的敬业精神和崇高人格也深深敬佩。他"发现吴老师每晨七时就到系里,上午办公、讲课、谈话和研究问题,除午餐晚餐外,整个下午和晚上都在实验室和图书馆里,孜孜不倦地从事科学工作"[①]。不仅如此,吴有训身边的工作人员也兢兢业业、刻苦工作。"实验室的小车间里有两架车床,实验用的X光衍射和测量设备,以及强电源都是自制的,有时吴老师自己就在车床上工作。当时吴老师的助手是陆学善和余瑞璜,两位后来都成为知名的物理学教授"。钱伟长逐渐理解了什么是科学工作,什么是一个现代中国青年对民族和祖国的责任,也更理解到从事科学工作的人一生将要付出的代价。"接触得越多,向他学习的心意越坚定。是鼓励、是诱导,没有说教,没有训斥,而吴老师自己的言行品德,却在起着教育作用,深刻地影响着青年们"。

一方面,钱伟长能够转入物理系学习,吴有训是经过了充分调研的。另一方面,也与钱伟长自己的努力是分不开的。他凭着一股执着的劲头,一心要为国家而学习科学技术,实现"科学救国"的理想。同时还与他在苏州中学受到的训练有关,苏州中学强调"教育源于生活,而改造生活",注重培养学生改革社会、参与群众事业的活动能力,注重培养学生的社会使命感和责任感,特别是通过"紫阳市"这种学生自治组织进行训练。这些能力,使得钱伟长能够说服吴有训给他试读的机会。

---

① 吴有训百年诞辰纪念活动筹备委员会主编:《吴有训百年诞辰纪念文集》,中国科学技术出版社1997年版。

第三节　关心国家和社会

一、积极为抗日捐款

九一八事变后,日本军国主义继续不断蚕食我国领土,挑起各种事端,残害我国人民。1932年1月,日本为了转移国际上对中国东北问题的关注,并使国民党当局承认其占领东北的既成事实,很快对上海闸北发动进攻,即一·二八事变。国民党军第十九路军在蔡廷锴、蒋光鼐率领下进行了英勇抗战。十九路军全军官兵在广大群众的鼓舞、支援下,爱国热情空前高涨,坚守阵地,不断击退日军的猖狂进攻。这场战役自1月28日进行到3月3日,中国军队牺牲四千余人,负伤近万人,英勇作战的十九路军成为中国人民抗日救亡的象征[①]。

清华大学师生同仇敌忾,纷纷为支援十九路军抗战出钱出力。1932年2月8日,《国立清华大学校刊》刊登《教职员捐款慰劳拒敌沪军》的消息:"驻沪第十九路军奋勇拒敌,战绩震世。本校教职员公会筹集捐款五百元,于本月六日汇往上海,慰劳该军将士。兹将去电录左:上海吴铁城市长转

---

① 《图说长征》课题组编著:《图说长征》,中共党史出版社2019年版。

十九路军全体将士勋鉴：淞沪御敌，振国家之声威，转世界之视听。全体国民，极深感佩。同人等谨捐薪五百元，由大陆银行汇交贵军，借表慰劳微诚，仍祈继续努力！同日，教职员公会又续汇慰劳沪军捐款五百元。"

与教职员公会相比，学生捐款的难度要大许多。教职员捐款，通过决议后，即可从薪金中扣收，而学生只能靠散捐，故数额有限。学生由于缺乏收入，更多的是宣传十九路军的抗日事迹，在群众中宣讲支持十九路军抗战。尽管如此，同学们通过自己的捐款行为带动了更多的教师捐款。2月19日校刊附录公布了黄仕林报告经手账目及捐款名单，抗日会账目中列出同学捐款只得210元，是由360名学生捐出的，其中多者5元，少者1角。再后来，学生抗日会进一步改善募捐办法，在向学生募集散捐的同时也向教师募集散捐，募得数量明显增大[①]。抗日会陆续刊登所收到的款项，予以公示。3月14日校刊继续刊出万鸿开启事[②]，"敬启者，前因慰劳沪哈抗日将士由本校抗日会发起募捐兹已结束，所得捐款共计六百三十元五角六分。因哈阜我军已退，故将所得捐款于二月二十二日交大陆银行全数电汇十九路军，并于同月二十九日接得蒋蔡覆电，言明照收所有账目自即日起由校刊公布。尚有遗误请即来函更正为荷。原账存于抗日会，欢迎查看"。启事记载，此次捐款435人，师生均有，如杨武之10元、陈达10元、叶企孙5元、周培源3元、浦江清2元、陈省身1元、季羡林1元、万鸿开1元、吴大任1元、钱伟长0.5元等。

个人捐款数量不断扩大，团体捐款更多。3月1日，教职员公会对日委员会开会议决：一是由本大学教职员公会每月捐薪五千元，暂以三个月为限，共计一万五千元，专作救护淞沪伤兵医药费；此款可协助或委托协和医学院同人，赴沪办理救护事业。二是推叶企孙、陈岱孙、萧叔玉计划捐款分配方法。经拟定，用级数累进法，将各人薪金，以百元为单位，分成

---

① 王兆成：《历史学家茶座（第13—16辑合订本4）》，山东人民出版社2012年版。
② 本刊：《万鸿开启示》，载《国立清华大学校刊》第884期，1932年3月14日。

若干单位,然后按各单位之百分率累进抽取捐款。此外,为帮助东北等地难民,学校仍然组织各种捐款。9月22日下午,朱子桥、查勉仲到清华大学讲演,又明确希望清华大学捐款救济东北难民。这时教职员公会对日委员会虽已多次组织捐款活动,但仍一如既往。9月27日,对日委员会召集会议,拟由同人再合捐一万元,救济东北难民。每人捐款数目,拟照各机关抽收所得捐累进法办理,即月薪在51元以上100元以下者收1%;月薪在101元以上200元以下者收2%;月薪在201元以上300元以下者收3%;月薪在301元以上400元以下者收4%;月薪在401元以上500元以下者收5%;月薪在501元以上600元以下者收6%。但照上述标准扣收,四个月只能集款五千元。若加倍扣收,可得一万零数十元。经讨论议决:捐款数目为一万元,即照抽收所得捐累进法办理,不另加倍,分八个月扣清。凡月薪在50元以下者,亦扣收1%。外籍同人不在此例。

这段时间钱伟长还在努力试读争取能够进入物理系,学业上的压力也丝毫没有影响到他自己对抗战的支持。除积极投身于宣传抗战活动外,钱伟长还在捐款上尽自己作为一个学生的绵薄之力,尽管此时的他还依靠着清寒教育基金的支持在上学。清华校刊记载了他两次参加捐款的数额,尽管不多,但体现了他的拳拳爱国之心。1932年3月钱伟长第一次捐款5角,次年3月第二次再捐1元。第二次的名单里面还把他的名字写成了"钱卫长"(图3-5)。捐款人名单陆陆续续刊登了好几期,师生都参与捐款,钱伟长在清华大学的苏州中学同学陆大年也有捐款2角。

二、学生社团活动积极分子

外敌入侵,更加激起了那个年代爱国青年的责任感。钱伟长除了参与爱国活动外,也积极参与校内学生会等组织的活动。据《清华副刊》1933年3月15日报道,学生会新一届职员选举出台,学生会代表会主席和副主席分别由徐雄飞和高士铭担任。干事会分别由魏继武和陈明绍担

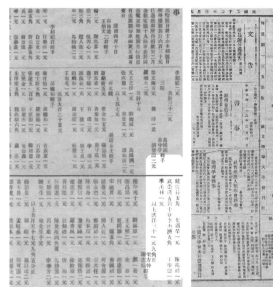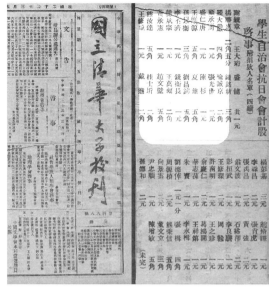

图3-5　1932年（左图）和1933年（右图）钱伟长两次积极参与捐款

任主席和副主席，旗下几个机构中，就有与钱伟长同年进校的陈新民和熊大缜分别任民众教育科和课外作业科干事，钱伟长任卫生科干事（图3-6）。另外还有抗日救国会九人，审计委员会五人，以及民众教育委员会三人。

学生社团活动频繁，青年人想法多，不免有异议，这样的事情对于一个充满活力的年轻人的组织而言，也是不足为怪的。据天津《益世报》1935年3月26日报道，称"清华风潮内部纠纷多——钱伟长等一一二人发通告"（图3-7）。

事情的缘由是1935年2月，北平当局逮捕清华大学学生社团"现代座谈会"学生10余人，清华大学学生驱逐沈履、毕正宣等人。学生当中主张驱逐的与主张不驱逐的意见不合，有的对学生会主席有意见，提议将其罢免。据程巢父《清华"教授会"与学生"救国会"》一文说："北平市公安局怀疑清华学生社团'现代座谈会'有左翼分子参加，乃于1935年2月入校捕去学生高承志、艾光增、吕明义（均未毕

和钱伟长一起成长

图3-6　1933年钱伟长参加学生社团活动

业)等11人,经数度审讯之后,释放八人,扣留高、艾、吕三人。"3月11日凌晨五时公安局再度驱车从清华大学捕走10名学生。校长梅贻琦等出面设法救出了新被捕的10名学生和高承志,但艾光增、吕明义仍被拘留。有学生怀疑学校秘书长沈履和庶务主任毕正宣与学生不能全被释放有关,要求处理这两个人,由此导致"驱逐沈毕事件"。后经学校包括校长梅贻琦等的多方工作,驱逐事件方才平息。

图3-7　1935年3月26日,天津《益世报》报道《清华风潮内部纠纷多——钱伟长等一一二人发通告:开除李斯彦级籍》

第四节　对体育的热爱

对体育的热爱是钱伟长一辈子的事情。图3-8是1931年入学体检的安排。《中国体育报》等媒体上有对当年入校体检场景的演义描述,并被清华大学校史馆网站转载。2014年8月1日,《中国体育报》刊登的董少校《钱伟长:钟情体育一辈子》[①]是这样演义当时的体检情形的:

> 钱伟长入学清华大学,前往体育馆接受体格检测,这一"关"是体育教授马约翰掌管的。第一项是测量身高,钱伟长由于家境贫寒,营养跟不上,身体瘦弱,只有1.49米高。标杆起点是1.50米,钱伟长站在下边,尚且够不到标杆。这时马约翰说:"Out of scale(不达标)!"旁边的夏翔老师非常惊奇,带着常州口音说:"啊,来了一个清华历史上身高不达标的学生!"马约翰说:"没关系,可以锻炼嘛!"在随后的测试中,钱伟长体重太轻、肺活量不足、篮球扔不进篮圈,表现不佳,跑步总算跑完三圈,得到了马约翰的勉励。

---

① 董少校:《钱伟长:钟情体育一辈子》,载《中国体育报》2014年8月1日。

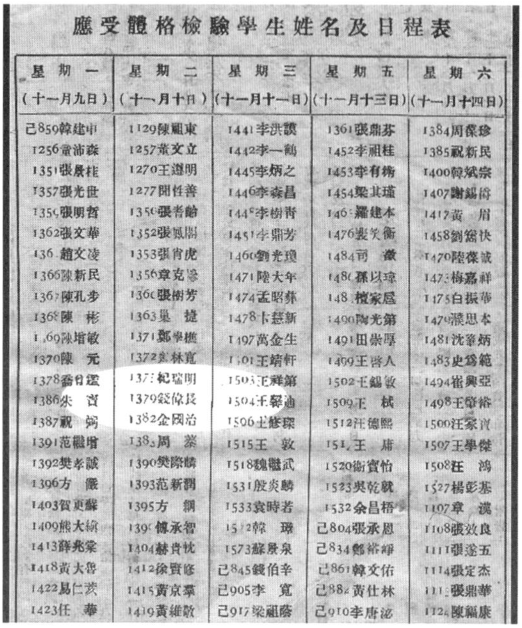

應受體格檢驗學生姓名及日程表

星期一（十一月九日）	星期二（十一月十日）	星期三（十一月十一日）	星期五（十一月十三日）	星期六（十一月十四日）
己859韓建中	1129陳顯東	1441李洪謨	1361張鼎芬	1384周葆珍
1256童沛森	1257葉文立	1442李一鶴	1452李祖桂	1385祝新民
1351張景桂	1270王遵明	1445李炳之	1453李有術	1400韓斌宗
1357張光世	1277開性善	1446李森昌	1454梁其瑞	1407謝錫將
1359張明哲	1350張者齡	144[illegible]李樹青	146[illegible]羅建本	1417黃眉
1362張文華	1352張鳳閣	1451李鼎芳	1476裴笑衡	1458劉鎔鉷
136[illegible]趙文凌	1353張肖虎	1460劉光璵	1484司徽	1470陸葆誠
1366陳新民	1356章克濬	1471陸大年	148[illegible]孫以璟	147[illegible]梅嘉祥
1367陳孔步	1360張樹芳	1474孟昭彝	148[illegible]檀家愿	1175白振華
1368陳彬	1363巢提	1478卞慧新	1490陶光第	1479濮思本
1369陳增敏	1371鄭學樵	1497萬金生	1491田崇厚	1481沈肇炳
1370陳元	1372[illegible]林寬	1501王靖軒	1499王啓人	1483史為範
1378喬含鑑	137[illegible]紀瑞明	1503王祥第	1502王錫敏	1494崔興亞
1386朱賓	1379錢偉長	1504王擎迪	1509王栻	1498王肇裕
1387祝鍔	1382金國治	1506王修琛	1512汪德熙	1500汪家賓
1391范繼增	138[illegible]周蓁	1515王敦	151[illegible]王庸	1507王學傑
1392樊孝誠	1390樊際麟	1518魏繼武	1520衛寶怡	1508汪鴻
1396方儀	1393范新潤	1531殷炎麟	1523吳乾就	1527楊彭基
1403賀更蘇	1395方綱	1533袁時若	1532余昌梧	1107章漢
1409熊大縝	139[illegible]傅承智	15[illegible]2韓璐	己804張承恩	1108張效良
1413薛兆棠	1404赫貴忱	1573蘇景泉	己834鄭裕翔	1111張遂五
1418黃大魯	1412徐賓修	己845錢伯辛	己861韓文佑	1114張定杰
1422易仁荄	1415黃京羣	己905李寬	己88[illegible]黃仕林	111[illegible]張鼎華
1423任華	1419黃維敬	己917梁祖蔭	己910李唐泌	112[illegible]陳福康

图3-8　1931年11月9日，《国立清华大学校刊》刊登《应受体格检验学生姓名及日程表》

当时清华设立了体育部，明确要求体育是四个年级的必修课，必须修满八个学分才能毕业。钱伟长进入了物理系，体育教师由马约翰担任。马约翰尤其关怀体弱的同学，根据各人情况给予不同的辅导，让学生尽可能经过体育运动的过程，由自身的锻炼获得健康的体格，创造学习的条件。

1932年10月，清华大学举行全校越野赛，按年级分为五个队，每队十人，算各队总成绩。钱伟长从图书馆走出时，比赛在进行，在同学的招呼下，借了一双胶鞋穿上，一路跑了约五千米。到终点时，居然是第八名。马约翰把将要躺倒的钱伟长拉起来，让他慢慢再跑几十米再停下来，夸奖说："不错，你是好样的！"钱伟长所在的越野队获得了团体冠军，个人优胜者取前十名组成清华越野代表队，他得以入选。他说，这成为"生命史上的新篇章"。越野队的训练非常辛苦，每两天跑一次到颐和园，来回约四千米；每两周跑一次到西直门，来回约八千米；每月跑一次到天安门，有一万二千米。马约翰不断教导越野队成员：体育运动不仅锻炼体力，更重要的是锻炼意志；要带着脑袋锻炼，正视自己的缺点，不断努力克服缺点，战胜自己得到进步。在马约翰的指引下，清华越野队连续五年在北平市五大学运动会上夺得冠军。

在训练中,钱伟长不仅坚持苦练,还注重方法技巧。他个子小,如果按照大个子的步伐跑,跨大步就带着跳跃的形式,既耗费体力又浪费时间。在马约翰的启发下,他不跨大步,而是提高频率,大个子跑四步,他跑五步,同时学会调节呼吸,速度一样很快。他还掌握了变速跑、在内线和直线段超人的技巧。

在跨栏项目中,一般高个子运动员是三步一栏,可以始终用左腿攻栏。钱伟长虽然身高比入学时有增加,但三步一栏仍然困难,他反复分析、改进、苦练,终于学会了四步一栏的技能,左脚和右脚都能起跳。练习中,他在栏架上放一个小瓦片,争取每次用脚把瓦片蹭下来,而不碰倒栏架,这样可以跨得尽可能低,节省跨栏时间,提高整体的速度。

钱伟长在清华大学受到的体育方面的影响,是帮助他实现人生理念和成为著名教育家的基础。马约翰对于清华大学乃至后来新中国的体育事业都是有着重要影响的人物,他认为学生体育不合格就不能毕业或出洋,时至今日清华大学还对体育有很高的要求。钱伟长在清华大学期间,可以说实现了从身体状况"Out of scale"(不达标)到学业和体育都成绩优秀的转变。同许许多多清华大学学生一样,马约翰的教育直接影响了他们的一生。钱伟长说[①],"在体育教授马约翰的指导下,使我从身体瘦弱,对运动一无所能,成长为大学多种项目体育代表队的队员"。他印象深刻的是,"在清华大学体育馆前的大操场上,不论冬夏,马约翰教授总是穿一套白衬衫灯笼裤打黑领结,神采奕奕,严肃而慈祥地指导着各种活动,他声音洪亮向我们呼唤着'Boys for Victory'"。"马约翰老师不仅仅使我得到身体健康和体育竞技的锻炼,更重要的是使我得到耐力、冲刺、夺取胜

---

① 钱伟长:《八十自述》,海天出版社1998年版。

利的意志的锻炼。这对我一生的工作上能闯过不幸的困苦年代,能承受压力克服种种艰辛而不失争取胜利的理念和斗志,创造了有力的保证"。巧合的是,清华大学的照澜院16号,马约翰和钱伟长,这两位清华大学教授都曾居住过,也是这两位热爱体育的教授的缘分。

马约翰(1882—1966),福建厦门人,被誉为"中国体育界的一面旗帜"。早年就读于上海明强中学,1904年考入圣约翰大学预科,1906年升入本科,修生物、医学等。他是学校足球、游泳、田径等运动代表队主力。1914年,任清华学校化学教师,兼体育教练。1919年,到美国春田学院进修体育。次年回清华学校,任体育教授,兼体育部主任,对清华体育教学进行了一系列重大改革,主持制定学生体育"五项测验"及格标准,并敦促校方将其列为毕业和出国留学必备条件;改进学校体育设施;编制徒手操近百套;组织校足球、篮球、网球、曲棍球、棒球、网球、垒球、水球、长跑、游泳、滑冰、拳击等各项运动代表队,并担任多项运动队教练,促进学校体育竞技屡创佳绩;注重对学生运动员体育道德的培养。1925年再赴美国春田学院学习,次年获体育硕士学位。1936年,任中国田径代表队总教练,参加第11届柏林奥林匹克运动会。1949年后,任清华大学教授、体育教研组主任。新中国成立后,任中国田径协会主席、中华全国体育总会主席等职务。他认为"运动是健康的源泉","体育是培养完全人格的手段","体育价值可以迁移,并影响社会"。总结自己的教学经验和实践体会,撰写有《体育历程十四年》《体育的迁移价值》《我们对体育应有的认识》等著作[①]。

钱伟长长期坚持体育锻炼,一直保持着对体育的热爱。在上海大学钱伟长图书馆还保留着他在家里锻炼用的"自行车"。对于体育的重要性,钱伟长有独到的观点。2002年5月,钱伟长在谈及"体育在学生素质

[①] 周川主编:《中国近现代高等教育人物辞典》,福建教育出版社2018年版;顾明远总主编:《中国教育大系——历代教育名人志》,湖北教育出版社1994年版。

教育培养中的作用"这一话题时,他明确强调,"现在都提倡素质教育,我觉得素质教育首先要重视体育教育。首先,体育运动培养一种团队精神,比如球队,球队要的是团队精神,光靠个人奋斗是不行的,不光是球队,其他方面也是这样;其次是拼搏精神,做什么事情都要拼搏,不能想着慢慢地成功,这两个都是体育训练中最重要的东西。体育教育不光涉及到一个技术问题,更涉及到一个素质培养的问题"。他还说,"都说运动员头脑简单、四肢发达。我不这样看,要把一项事业做到一个高度,都是需要动脑筋的。体育比赛总是在不断地发现问题,然后思考解决的方案,才能进步。我们做学问也一样,触类旁通,举一反三。学生通过体育锻炼,不仅仅可以增强体质,也能发展健全的人格"。他多次强调,"体育运动是教育中最重要的一部分",始终认为教育要提升学生生存、发展与享受的能力,体育是其不可或缺的组成部分。

钱伟长强调教育要培养全面发展的人,而体育则是促进人的全面发展的重要一环。作为上海大学校长,他支持学校对学生毕业要有体育标准的要求。钱伟长在谈到"体育与全民素质的提高"时强调,"学校体育很重要。解放前的清华大学很重视体育,我就是从那个时候开始体育锻炼的,并且从运动中得到了许多好处,好处之一是身体健康。另外运动也可以培养人,培养人的分析能力、决策能力。运动场上瞬息万变,要应付环境,就要有分析、决策的本事。我们培养学生,要各种能力都培养,这就是现在要求学校进行的素质教育"[①]。

一、活跃在田径赛场上

1932年4月的《清华周刊》报道了本年纪念系列活动的各项内容,其中的体育活动内容尤为丰富。钱伟长在本次运动会上参加多个项目,获得

---

① 杨小明、程杰:《钱伟长的体育情结》,载《南京体育学院学报(社会科学版)》2011年第6期。

400米第二名、三级跳第二名、跳远第二名。

一年级也就是七级运动会原定在4月17日举行，奈何正值春季，那天天公不作美，刮大风，还夹杂风沙，所以推迟到4月27日。当天上午天气很好，清晨小雨后春容自然"清而且丽"，微风不扬，地润沙暖；尽管午后也有刮风，下午一点半后还是举行了比赛。

钱伟长在400米跑中仅次于短跑能手章翔屈居亚军。在三级跳比赛中，朱文极获得冠军，钱伟长又屈居亚军。在跳远比赛中，钱伟长仍屈居亚军，朱文极获得冠军（图3-9）。

根据报道，当天物理系所在的理学院本来是期待极大的，理学院大有夺得第一的希望。无奈当时队友王敦因事离校进城去了，另一主力韩斌宗不小心中途跌倒，加之钱伟长受寒抽筋，还有队友卫宝怡脚伤不能入场参赛，以至于一个志在必得的锦标眼巴巴"送与工学院唉"。

二、入选清华足球队

田径场上叱咤风云的钱伟长，也是足球场上的健将。

钱伟长虽然入学时体格不达标，但两年多坚持不懈努力，功课学习和身体锻炼都没耽误。强健的体格保证

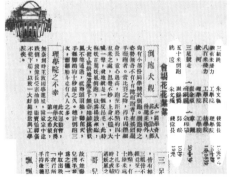

图3-9　1932年，《清华周刊》刊登《七级运动会志盛》

了他具备加入学校足球队成为队员的资格。1933年11月,在学校足球队的名单上,钱伟长的名字赫然在列,熊大缜同列(图3-10)。名单里老将不少,不过上一年的队长、"华北勇将"羡钟汾因为功课紧张而不欲出战,球队实力颇受影响。作为校足球队队员,钱伟长和队友一道征战校内外,取得不少战绩。

图3-10 1933年11月6日,《清华副刊》刊登《清华足篮球队选出钱伟长列足球队员名单》的消息

钱伟长热爱足球,留下了意味深长的"足球智慧"。60多年后,另一位足球界的风云人物——孙雯,这位前世界足球小姐与钱伟长有了深度交往,她眼里钱伟长是足球行家。面对这样一位足球行家,孙雯说,"当时我是既惊又喜"。孙雯退役后,2004年3月,她作为客串记者登门拜访钱伟长。"我有机会采访钱老,出乎我的意料,没想到这么大的科学家对足球情有独钟。"孙雯回忆说。正是因为找到了这个共同话题,孙雯和钱伟长侃侃而谈,不知不觉就超过了预定的一个小时。"当时我们谈到2003年女足世界杯,中国女足在八进四的比赛中与加拿大队相遇。钱老说,你们为什么在比赛开始就丢了一球,就是想法太多,注意力不集中,导致失球。然后心态发生变化,整体的传接不见了。"

尽管年岁已高,但钱伟长还是经常在电视机前观看自己喜欢的足球赛。特别有时间的时候他还会去现场看。2002年钱伟长90岁时,上海大学体育中心落成。钱伟长邀请了上海10所高校的校长来参加落成仪式。在一个多小时的讲话中,钱伟长基本上围绕着大学教育与体育这个主题,讲话第一句就是:"今天,我请大家来共商国是。如果高校还要培养国家栋梁的话,就要重视体育。"同一年,这位90岁的大学校长亲自创办了"钱伟长杯"上海大学生足球邀请赛,出资打造了"钱伟长"奖杯,并挥笔制定了比赛章程和规则,其中最主要的一条就是:凡持有运动员等级证书的大学生一律不准参赛。孙雯回忆说,当年,上海女足希望找个合适的场地做主场,联系到上海大学,钱老得知后非常高兴,并为球队提供了诸多方便。同时,他还对身边的工作人员说:"现在女足还很困难,我们应该力所能及地支持她们。到比赛的时候,我们一起去看看,为她们加油助威。"果然,比赛时钱伟长到场与上海大学师生一起观看比赛[①]。

2002年9月23日,"钱伟长杯"上海高校大学生足球联赛在上海大学开幕,参加角逐的有来自全市19所大专院校的380名运动员[②]。

三、擅长越野和跨栏

1933年11月26日,这个阴冷的早晨,清华大学一年一度的级际越野比赛拉开帷幕。恰逢周日,初冬的北京温度已经很低。当天有十余位同学参与这项活动。当时的清华大学800余名学子,有17位爱好者参与,参与度也算是较高的了。从总的成绩看,高年级还是较低年级得分高。个人得分上,钱伟长获得第六名,为团体第一作出了贡献。钱伟长所在的大三年级参加的有六人,占全体参赛者1/3强。尽管第一名由大四年级的万鸿开获得,但是前六名就有四个大三年级的,另两名为大四年级学生。从成绩总分看,大三第一名,大四第二名,大二和大一两个年级名列后两位[③]。

次年春季的七级运动会上,钱伟长获得三个第一名和两个第二名。

---

① 吴霞、肖春飞:《钱伟长曾是清华校队主力 世界杯不忘半夜看球》,新华网,2010年7月31日,http://news.sohu.com/20100731/n273899134.shtml。
② 金国祥主编、上海市体育局编:《上海体育年鉴(2003)》,百家出版社2004年版。
③ 本刊:《阴冷之清晨 级际越野赛已举行》,载《清华副刊》第40卷第7期,1933年12月4日。

《清华副刊》报道称,第八、第九级田径赛对抗,经筹备多日后,4月22日晨乃实行决战。结果第八级因为健将彭永馨离校出席远东运动会、李秀琳受伤了不能出场,兵微将寡,而第九级初露锋芒,既而得胜,其乐不可支也。除了三千米比赛,其他项目均成绩平平。蒋南翔(大二)在高栏比赛中夺魁。第七级进行的13个项目的田径赛,钱伟长凭借自己的实力,在五个项目中获得好成绩,其中高栏、中栏和跳远三项获第一名,而400米和三级跳两项屈居第二名(图3-11)。钱伟长的高个子好朋友熊大缜的成绩落在了钱伟长的后面[①]。

这里说的彭永馨当时在运动场上是个了不起的人物,可以说是民国时期数得出来的几位体坛健将之一。他是1932年考入清华大学学政治学的,在整个年级中他岁数最大。1933年10月,在南京举行的全国运动会上,他作为北平选手创造了当时男子标枪48.92米的全国纪录,1935年在上海江湾举行的全国运动会上又以50.275米的成绩获得冠军[②],而同场的刘长春在100米短跑竞赛中以10.7秒的成绩平了远东运动会纪录。尽管彭永馨的比赛成绩比当时日本运动员住吉在远东运动会上的62.16米有很大差距,

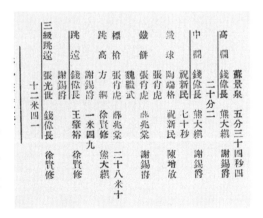

图3-11 1934年春季钱伟长参加运动会成绩(部分)

---

① 本刊:《两运动会同日举行》,载《清华副刊》第41卷第5/6期合刊,1934年4月29日。
② 全国田径理论研究会组织编写、文超主编:《中国田径运动史》,华南理工大学出版社2014年版。

但是刘长春的10.7秒与菲律宾运动员的10.6秒的成绩很接近[①]。李秀琳也是1932年考入清华大学的，不过是学化学的。

1935年，钱伟长进入清华大学四年了，可以说已经成为一个很具代表性的运动员了。在当年4月的学校春季运动会上，钱伟长继续在他擅长的优势项目上表现突出：800米，钱伟长获得第三名，第一名经济学系1932级的李朝光成绩为2分19秒6；高栏，钱伟长获得第二名，第一名则是鼎鼎大名的张龄佳，成绩是17秒3。在400米中栏项目上，钱伟长获得第一名，成绩是1分8秒8（图3-12）[②]。

图3-12　1935年春季钱伟长参加运动会成绩

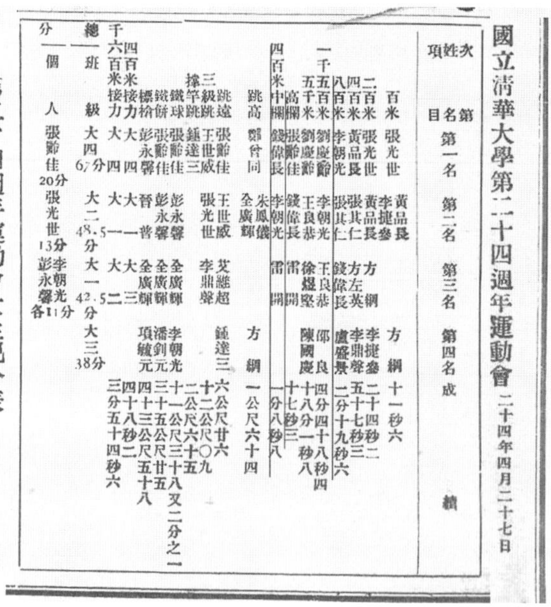

國立清華大學第二十四週年運動會　二十四年四月二十七日

項目	第一名	第二名	第三名	第四名	成績
百米	張光世	黃品長　李提參		方綱	十一秒六
二百米	張光世	黃品長	方綱	李提參	二十四秒二
四百米	黃品長	張其仁	方左英	李鼎聲	五十七秒三
八百米	李朝光	張其仁	錢偉長	盧盛景	二分十九秒六
一千五百米	劉慶齡	李朝光	王良恭	邵良	四分四十八秒四
五千米	劉慶齡	王良恭	徐煜堅	陳國慶	十八分四十一秒八
高欄	張齡佳	錢偉長	雷鬪		十七秒三
四百米中欄	錢偉長	李朝光	雷鬪		一分八秒八
跳高	鄭肯同	朱鳳儀　全廣輝		方綱	一公尺六十四
跳遠	張齡佳	王世威	艾繼超	鍾達三	六公尺廿六
三級跳	王世威	張光世	李鼎聲		十二公尺〇九
撐竿跳	鍾達三				二公尺六十五
鐵球	張齡佳	彭永馨	全廣輝	李朝光	十一公尺三十八又二分之一
鐵餅	張齡佳	彭永馨	全廣輝	潘劍元	三十五公尺廿五
標槍	彭永馨	晉普	全廣輝	項毓元	四十三公尺五十八
四百米接力	大四	大一	大三		四十八秒二
一千六百米接力	大四	大一	大二		三分五十四秒六
總班級	大四67分	大二48.5分	大一42.5分	大三38分	
個人分	張齡佳20分	張光世13分	彭永馨　李朝光各11分		

第二十四週年運動會女生記分表

张龄佳和刘长春、彭永馨都是东北人，张原来上的东北大学，九一八东北沦陷之后考入清华大学心理系就读。1933年在南京举行的全国运动会上，他5 887分的成绩缔造了“男子十项”全能全国纪录，这个纪录是在1956年才被打破的。张龄佳毕业后留校，曾两度代表我国参加第九届（日本东京）、第十届（菲律宾马尼拉）远东运动

① 刘吉主编、张士珩等编著，国家体委文史工作委员会、中国田径协会编：《中国田径运动史》，武汉出版社1997年版。

② 本刊：《国立清华大学第二十四周年运动会（二十四年四月二十七日）》，载《清华大学校》1935年4月28日。

会，且为田径代表队队长。追随马约翰的经历，他也去了美国春田学院学习并于1939年获得体育硕士。后在美国及美洲学习和工作，50年代回到台湾省，协助梅贻琦开办新竹清华大学，任体育部主任兼图书馆馆长[①]。

四、清华田径队健将

（一）三年级的钱伟长入选清华田径赛队

1934年5月14日，《清华副刊》报道：“四月二十八日全校运动会场上，各健儿俱已大显身手。体育部就个人之成绩重加考虑后，已选出十七人为本校队田径赛队队员。五月三日由夏翔先生召集，在体育部南楼开会。决定每星期二、四两日下午四时至六时为练习时间。近日来操场上已常发现各员士之踪迹，其用功颇起劲也。兹觅得该队队员附后：方纲、张光世、钱伟长、方左英、李朝光、万鸿开、刘庆龄、王业俊、王世威、范从振、范中廉、黄士林、郑曾期、韩鸣、高葆琦、陆钦尚、李捷参。”（图3-13）张光世是化学系的，后来去了台湾省。高葆琦则是一二·九运动中南下宣传队的组织者之一。

图3-13　1934年5月14日，《清华副刊》刊登《本校田径赛队成立》的消息

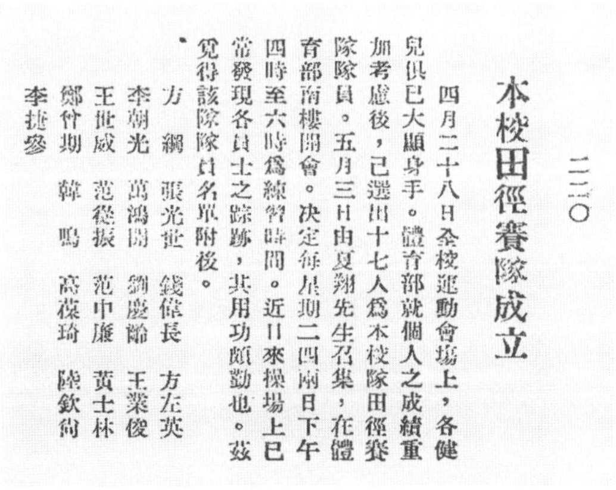
二三〇

本校田徑賽隊成立

四月二十八日全校運動會場上，各健兒俱已大顯身手。體育部就個人之成績重加考慮後，已選出十七人爲本校隊田徑賽隊隊員。五月三日由夏翔先生召集，在體育部南樓開會。決定每星期二四兩日下午四時至六時爲練習時間。近日來操場上已常發現各員士之踪跡，其用功頗勤也。茲覓得該隊隊員名單附後。

方綱　張光世　錢偉長　方左英
李朝光　萬鴻開　劉慶齡　王業俊
王世威　范從振　范中廉　黃士林
鄭曾期　韓鳴　高葆琦　陸欽尚
李捷參

（二）两次参加北平五大学春季运动会

1934年6月14日，钱伟长参加北平五大学春季运动会（图3-14）。在中栏比赛中，钱伟长居第三位，排在前面的分别是辅仁大学王精熹

① 刘绍唐主编：《民国人物小传》第17册，上海三联书店2016年版。

和钱伟长一起成长

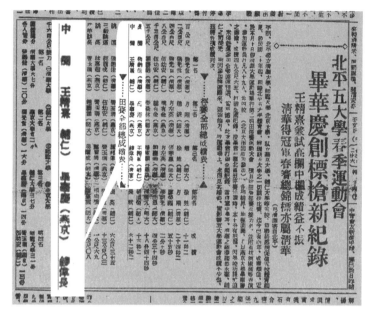

图 3-14　1934 年 6 月 14 日,《时报》刊登《北平五大学春季运动会》的消息

和燕京大学毕华庆[①]，他的同学张光世等人也有不凡的表现，他们共同为清华大学获得团体冠军和春季赛总锦标贡献了力量。

五大学包括三所国立大学即清华大学、师范大学、北京大学，还有两所私立大学即燕京大学和辅仁大学。实际上，在组织、供应等方面，清华大学于五大学体育会的贡献颇多，体育会主要由清华大学体育部的教职员负责，马约翰当仁不让负责牵头。五大学体育会副会长袁敦礼介绍："五校发起这个体育会的目的是提倡体育精神和体育道德，一切比赛都要注意友谊与联络感情，而非纯锦标性质。比赛在各校内，这样可以鼓励全体学生的兴趣，在管理和组织方面比较方便。既简易，效果又较大。这是普及体育的最好方法。"

五大学体育会正式成立于 1930 年冬。马约翰为会

---

① 弓清源：《北平五大学春季运动会》，载《时报》1934 年 6 月 14 日。

长,领导层还有北京大学的王耀东、燕京大学的黄国安、辅仁大学的王石卿。规定的比赛项目除田径外,还有男子足、篮、排球(那时的排球叫队球,每方九人分三排,位置不轮转,球网比现在的六人排球低,球场略大),此外还有棒球和网球。女生组只有排球、网球和垒球。此外也办过几次乒乓球和男子越野赛跑。各项球赛都采双循环比赛制,甲和乙的比赛在甲校和乙校各比赛一次。这种比赛曾引起学生的极大兴趣,对于开展各校群众性体育活动起过相当大的作用[①]。至1937年卢沟桥事变前,五大学举行了五次比赛,比赛中出现了不少优秀运动员,如罗庆隆、张光世、方纲、黄品长、方鸿开、李鼎声等,自然还包括跑800米和400米中栏的钱伟长,还有踢足球的黄中孚。师范大学和燕京大学也有不少优秀者,辅仁大学也不少。"运动成绩比较差的是北大,田径运动会没人报名,所以每次田径运动会实际上是四大学而不是五大学"。

---

① 鲁牧编:《体育界的一面旗帜——马约翰教授》,北京体育大学出版社1999年版。

第五节　开启科学探索生涯

进入大学的那一年,钱伟长选择了舍文学理。尽管相对来说他的文科基础要较理科好些,加上他长期受到的人文熏陶,选择人文方面的学科攻读,将成就另一个钱伟长,但是他选择了学习物理,按他的说法"要学造飞机大炮"。不过,他扎实的文科基础也使他具备较强的写作能力。

大学期间,钱伟长抓学业、练体魄、做文章,关心社会和国家命运。进校后积极参与学校的社团活动,撰写学习体会、科学论文,分享对科学的认识,享受学习的快乐,每年都有文章发表。

一、第一次发表翻译文章

入学不久,钱伟长就通过了"高中代数解析几何"甄别测试,也就是说他完全具备中学的这些课程知识。入学后一年级,钱伟长便紧张地准备物理课程和微积分等这些令每位新生都头疼的课程,而这些课程不是过关就可以了,须得高分才行。"凡大学一年级所读普通物理成绩不到中等者,不得入物理学系”①,这也是吴有训的要求和入读物理系的要求。在这样的压力下,还要参加运动会的锻炼,翻译当时最新的代数学方面的论文成果,足见钱伟长当时拼学习的劲头。

钱伟长翻译的福克斯(Foulkes)的这篇文章,内容是关于代数方程求解的——“The Algebraic Solution of Equations”,发表在学术杂志*Science Progress in the Twentieth Century*第26卷第104期上(图3-15)。值得一提的是,这篇文章原文是4月发表的,钱伟长的译文则是在10月8日就出版了②。按照当时的交通运输和信息传播条件,可见清华大学在获取研究信息方面是很迅速的,图书馆资料上架与读者见面也是非常及时的。钱伟长从图书馆获取这篇八页内容的文章,读懂后翻译,再送《清华周刊》编辑部审阅刊校,排版刊出,整个时间也就短短六个月。这样的速度,在今天的电子信息时代也算是快的了。

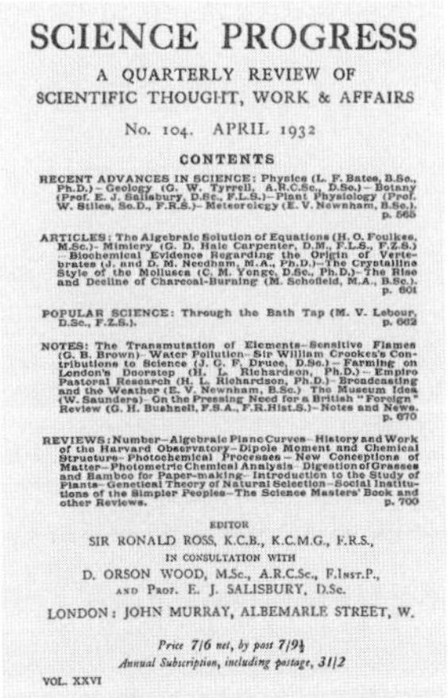

SCIENCE PROGRESS

A QUARTERLY REVIEW OF SCIENTIFIC THOUGHT, WORK & AFFAIRS

No. 104. APRIL 1932

CONTENTS

RECENT ADVANCES IN SCIENCE: Physics (L. F. Bates, B.Sc., Ph.D.)—Geology (G. W. Tyrrell, A.R.C.Sc., D.Sc.)—Botany (Prof. E. J. Salisbury, D.Sc., F.L.S.)—Plant Physiology (Prof. W. Stiles, Sc.D., F.R.S.)—Meteorology (E. V. Newnham, B.Sc.). p. 565

ARTICLES: The Algebraic Solution of Equations (H. O. Foulkes, M.Sc.)—Mimicry (G. D. Hale Carpenter, D.M., F.L.S., F.Z.S.)—Biochemical Evidence Regarding the Origin of Vertebrates (J. and D. M. Needham, M.A., Ph.D.)—The Crystalline Style of the Mollusca (C. M. Yonge, D.Sc., Ph.D.)—The Rise and Decline of Charcoal-Burning (M. Schofield, M.A., B.Sc.). p. 601

POPULAR SCIENCE: Through the Bath Tap (M. V. Lebour, D.Sc., F.Z.S.). p. 662

NOTES: The Transmutation of Elements—Sensitive Flames (G. B. Brown)—Water Pollution—Sir William Crookes's Contributions to Science (J. G. F. Druce, D.Sc.)—Farming on London's Doorstep (H. L. Richardson, Ph.D.)—Empire Pastoral Research (H. L. Richardson, Ph.D.)—Broadcasting and the Weather (E. V. Newnham, B.Sc.)—The Museum Idea (W. Saunders)—On the Pressing Need for a British "Foreign" Review (G. H. Bushnell, F.S.A., F.R.Hist.S.)—Notes and News. p. 670

REVIEWS: Number—Algebraic Plane Curves—History and Work of the Harvard Observatory—Dipole Moment and Chemical Structure—Photochemical Processes—New Conceptions of Matter—Photometric Chemical Analysis—Digestion of Grasses and Bamboo for Paper-making—Introduction to the Study of Plants—Genetical Theory of Natural Selection—Social Institutions of the Simpler Peoples—The Science Masters' Book and other Reviews. p. 700

EDITOR

SIR RONALD ROSS, K.C.B., K.C.M.G., F.R.S.,

IN CONSULTATION WITH

D. ORSON WOOD, M.Sc., A.R.C.Sc., F.Inst.P.,

AND Prof. E. J. SALISBURY, D.Sc.

LONDON: JOHN MURRAY, ALBEMARLE STREET, W.

Price 7/6 net, by post 7/9½

Annual Subscription, including postage, 31/2

VOL. XXVI

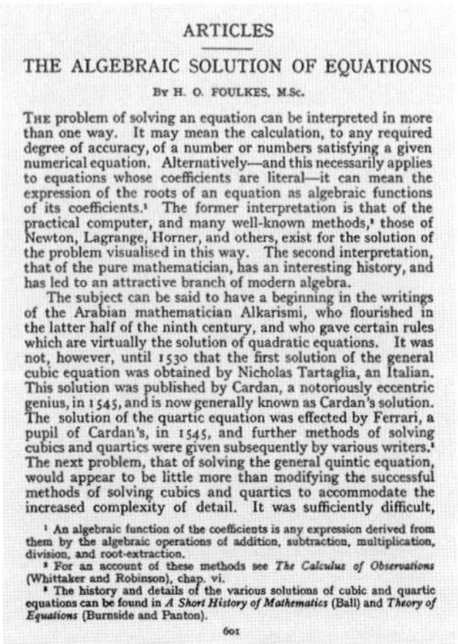

ARTICLES

THE ALGEBRAIC SOLUTION OF EQUATIONS

By H. O. FOULKES, M.Sc.

The problem of solving an equation can be interpreted in more than one way. It may mean the calculation, to any required degree of accuracy, of a number or numbers satisfying a given numerical equation. Alternatively—and this necessarily applies to equations whose coefficients are literal—it can mean the expression of the roots of an equation as algebraic functions of its coefficients.[1] The former interpretation is that of the practical computer, and many well-known methods,[2] those of Newton, Lagrange, Horner, and others, exist for the solution of the problem visualised in this way. The second interpretation, that of the pure mathematician, has an interesting history, and has led to an attractive branch of modern algebra.

The subject can be said to have a beginning in the writings of the Arabian mathematician Alkarismi, who flourished in the latter half of the ninth century, and who gave certain rules which are virtually the solution of quadratic equations. It was not, however, until 1530 that the first solution of the general cubic equation was obtained by Nicholas Tartaglia, an Italian. This solution was published by Cardan, a notoriously eccentric genius, in 1545, and is now generally known as Cardan's solution. The solution of the quartic equation was effected by Ferrari, a pupil of Cardan's, in 1545, and further methods of solving cubics and quartics were given subsequently by various writers.[3] The next problem, that of solving the general quintic equation, would appear to be little more than modifying the successful methods of solving cubics and quartics to accommodate the increased complexity of detail. It was sufficiently difficult,

[1] An algebraic function of the coefficients is any expression derived from them by the algebraic operations of addition, subtraction, multiplication, division, and root-extraction.

[2] For an account of these methods see *The Calculus of Observations* (Whittaker and Robinson), chap. vi.

[3] The history and details of the various solutions of cubic and quartic equations can be found in *A Short History of Mathematics* (Ball) and *Theory of Equations* (Burnside and Panton).

601

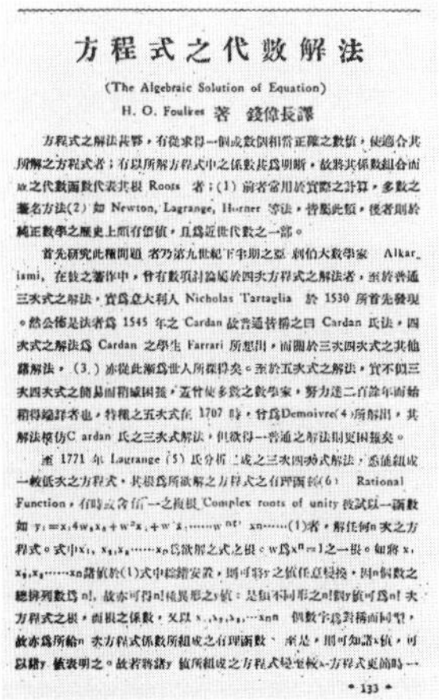

方程式之代数解法

(The Algebraic Solution of Equation)

H. O. Foulkes 著 錢偉長譯

· 133 ·

图3-15 1932年4月福克斯论文原文杂志封面(左)和论文首页(中)、10月钱伟长译文首页(右)

① 吴有训:《清华大学各学院概况:理学院概况——物理学系》,载《消夏周刊》1931年第7期。

② 钱伟长译:《方程式之代数解法》,载《清华周刊》1932年第38卷第2期。

钱伟长在《清华周刊》发表的这篇译文是福克斯的第三篇论文,是一篇求解代数方程综合性、介绍性的文章,主要介绍代数方程根问题以及伽罗华理论等相关方法。原作者福克斯比钱伟长大六岁多,他后来成为英国威尔士斯旺西(Swansea)大学高级讲师,1932年发表这篇文章的时候他还是威尔士塔尔博特港县立中学教师,兼任数学和物理课程。福克斯出生在威尔士一个小县城,作为家中的第四个孩子,中学毕业时获得了埃顿·威廉姆斯新生奖学金进入当时的北威尔士大学学院[现班戈(Bangor)大学]学习;因成绩优秀获得学校颁发的琼斯数学奖学金;大学毕业时本来是获得了牛津大学耶稣学院的奖学金可以支撑他的学业继续学习的,但考虑到毕业后的求职困难和当时他对家庭的责任,福克斯选择了到县立中学教书,而且一干就是19年。钱伟长与福克斯在这方面有着类似的经历,也都多次获得奖学金;为了能够筹措转进昆明的路费,后来在1938年钱伟长在天津英租界耀华学校担任了半年多的物理老师。说到这个斯旺西大学,1972年钱伟长随团访问英国的时候,几乎有机会去那里访问了,只可惜是因为行程安排紧凑无法成行。这个科学家代表团这时正在伦敦皇家科学院访问,招待会上有斯旺西来的辛克维奇(O. C. Zienkiewicz)教授。辛克维奇被公认为有限元法的先驱之一,对现代数值计算中的有限元法做出了系统性和创造性的开拓和发展,在有限元法许多具方向性的重大进展上都作出了重要贡献,在国际工程界和力学界产生了深远的影响。钱伟长非常了解这方面的前沿进展,况且自己也是这方面的行家。尽管辛克维奇邀请钱伟长去斯旺西访问未能成行,但后来两位科学家之间的联系非常紧密,除了学术交流外,还有人员方面的往来。1986年,钱伟长推荐上海交通大学工程力学专业毕业的谢亿民去跟随辛克维奇攻读博士学位,后来谢亿民成了世界结构优化领域的著名专家。

二、积极参与《清华周刊》撰稿等诸多事宜

钱伟长不仅承受着日常繁重的课程学习压力,还有实验课需要他花费

大量精力去完成。尽管如此,他还长期担任《清华周刊》的校内特约撰稿人。在清华本科学习的这段时间,钱伟长经常在校内外杂志上发表文章。在这几年的《清华周刊》上,钱伟长的名字总是见于编辑部人员列表中,同列人员有季羡林、林家翘、陈新民、费孝通、许世瑛等60余人(图3-16)。当然,每期可能略有变化,但是钱伟长这几年都在。

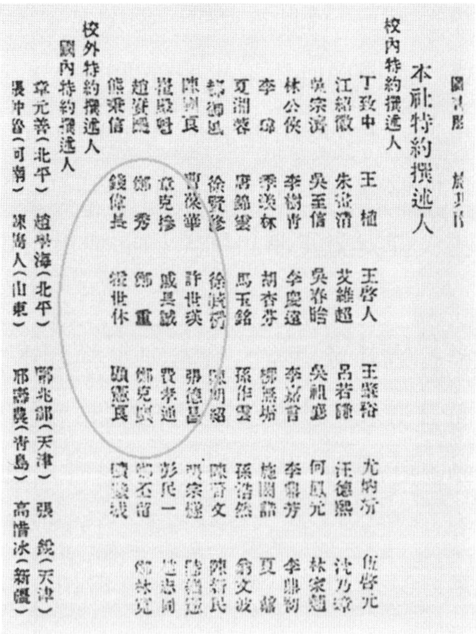

图3-16 《清华周刊》1934年第1期所列特约撰稿人名单

除了数学、物理这方面的学科知识分享外,天文地理、化学方面的知识也是钱伟长很感兴趣的。1933年4月5日,《清华周刊》刊登了钱伟长的一篇关于化学知识的文章《零原子序数》(图3-17),文章开头是这样的:

> 今将莱报氏数(Rydberg's Numbers)(现译作"里德伯常量")排列如下,而以每懒惰原质(Inert element)前之活动原质(Active element)之总数排列相对,再以其差成同样之排列,而若欲使其差成一数学上之级数0,1,2,3,4,5时则在氢原质之前势必尚有一活动原质之存在,而此原质当即现所论之零序数原子也。

文章对原子序数做了详细分析,最后还留下关于中子方面的猜想。

清華週刊

第三九卷 第四期

目錄

第四期 零原子序數 385

零原子序數

錢偉長

今將萊堡氏數（Rydberg's Numbers）排列如下，而以每爛惰原質（Inert elements）前之活動原質（active Element）之總數排別相對，再以其差成同樣之排列，而若欲使其差成一數學上之級數0,1,2,3,4,5時則在氫原質之前勢必尚有一活動原質之存在，而此原質當即現所論之零序數原子也。

原子序數	在前之活動原質數	
He 2	He之前 2	2－2=0
Ne 10	Ne 之前 2+7=9	10－9=1
Ar 18	Ar 之前 9+7=16	18－16=2
Kr 36	Kr 之前 16+17=33	36－33=3
Xe 54	Xe 之前 33+17=50	54－50=4
Rn 86	Rn 之前 50+31=81	86－81=5

但設若此原質爲一爛惰原素，則萊氏數之公式勢將成爲 $N=2(0^2,+1^2,+2^2,+2^2,+3^2,+3^2,+4^2)$

而同時將前表改爲下表，則同樣適用，但其級數變成0,1,2,3,4,5,6耳。

原子序數	在前之活動原質數	
□=0	□以前 0	0－0=0
He=2	He 以前 1	2－1=1
Ne=10	Ne 以前 1+7=8	10－8=2
Ar=18	Ar 以前 8+7=15	18－15=3
Kr=36	Ke 以前 15+17=32	36－32=4
Xe=54	Xe 以前 32+17=49	54－49=5
Rn=86	Rn 以前 49+31=80	86－80=6

在上，余等已知假使有此種原質之存在，則可滿足某種數學在自然界

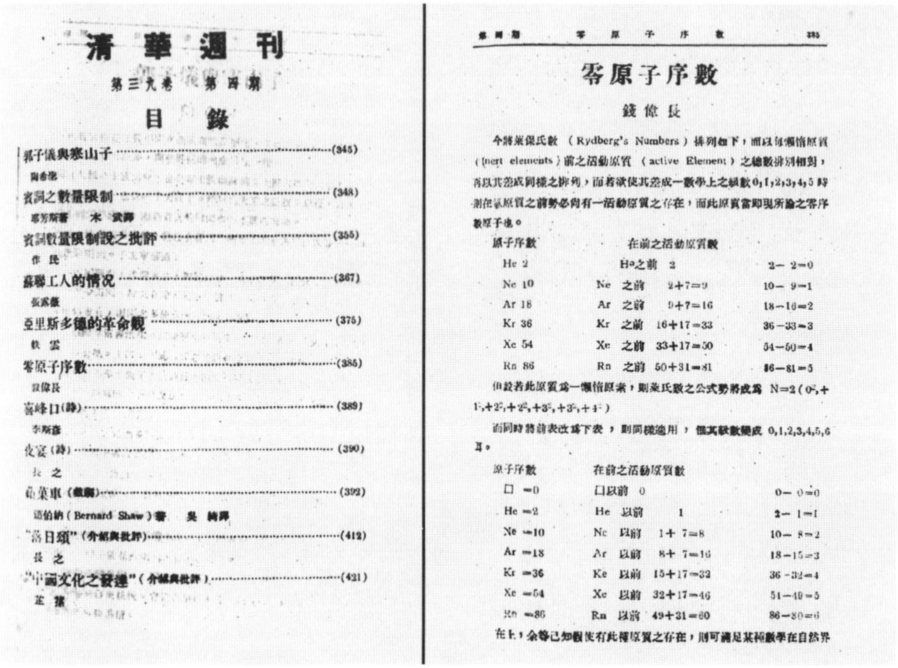

图3-17 1933年4月5日，《清华周刊》刊登钱伟长《零原子序数》一文

三、致力于科学知识普及

1934年，是钱伟长撰文发表较多的一年。除了一些专业性较强的文章外，他还撰写了知识普及性的文章，介绍科学知识。其中介绍太阳的一篇文章就是典型，该文分三期在《科学世界》上刊出（图3-18）[①]，足以说明编辑对文章内容的肯定。这里摘录部分内容，让我们来看看钱伟长的文字功底和清晰的逻辑。

关于太阳的一切

（一）太阳的威权

一元复始，万物重生。设使人类还是第一次过

① 钱伟长：《关于太阳的一切》，载《科学世界》1934年第3卷第5、7、8期。

见那个春天，则他们的惊奇，又将如何呢？我们稍稍吃过科学药水的人，便知道这种周而复始、有条不紊的季节，是由于太阳的威力。太阳给予人类和万物一种不可摸不可见的热量；这种热量，就是万物的父亲，万物的主宰。我们的住宅是向阳的。冬天有一堆堆的人在要太阳，谁都欢喜春天到野外去跑跑，遇着了没有太阳而阴云四合的天气便叫"天气不好""煞风景"。这里有一个历史上的笑话，亚历山大大王曾经这样问过一个老哲学家："我能够帮你一些忙么？你要一个征服了全世界的雄主对你做些什么？"但是，那位哲学家却冷冷地笑道："让开些，别遮掉了我的太阳！"

（二）玻璃窗下的健康

我们上古祖先，是一种穴居野处的动物，他们的巢穴是漆一般黑的。除了一个大门之外，当然不会再有什么窗户。他们除了在晚间惧怕猛兽、在冬天被迫于寒冷或其他不得已的变故外，大都是在太阳的下面生活着。太阳赐予他们以多量的紫外线，使

图3-18 1934年，钱伟长在《科学世界》发表的科普文章封面（左）和另外两期的首页

他们活跃、健康,但是不幸得很,在千万年之后,亦即在今日四五千年以前,人类发明了房屋。他们在冬天便宿在里面,避着可怕的寒风、冰雪;又过了二三千年,人类发现一种透明的东西——玻璃。于是遇着有太阳的时候,便坐在玻璃窗的里面,他们以为既可以避风寒,又可以取暖。谁知道这是完全错误。人类用了玻璃以后,身体要衰弱下去,因为我们知道玻璃不能容紫外线透过。

文章合计十八节,每一节有自己的标题和内容,完整地描述了太阳特别是紫外线的特点和人类如何利用它,是一难得的科普文章撰写的样板。除以上两节外,另外几节的标题和最后一节的内容是:

(三) 太阳的热的把戏

(四) 太阳到底有了些什么能为?

(五) 波动同安氏单位

(六) 紫外线是谁

(七) 紫外灯代替了紫外线

(八) 仅容许紫光透过的物质

(九) 无中生有的紫外线

(十) 紫外线的恩人与大敌

(十一) 紫外光与玻璃对人类的健康

(十二) 我们到底有多少太阳光

(十三) 不要紫外线时又怎样?

(十四) 紫外线与人类服饰

(十五) 紫外光之反照与斜射

(十六) 维他命D与鱼肝油

(十七) 紫外光的势力范围

(十八) 结论——一个新的玩具

科学家对于紫外灯,好似哥伦布发现新大陆,开创了许多新的园地,让我们的园丁工作、用力。因为有许多的东西具有荧光性。故便可以利用它来分析、探求或证实这类东西的存在——即使是少量的存在。紫外灯又可以用来在药物化学上分析食物,在地质学上探求石质。就是现代的福尔摩斯,除去显微镜之外,他同时一定亦必需要一紫外灯做助手。在重要公文的检查上,要探求是否有更换,证实或反证某种文件确实是旧有的。我们可以利用来证明某种颜料因年久而失色的程度上的差异而定其去取。总之,这灯的应用,现在一天大似一天。亦即是从人类探求太阳知识上的最重要,而最关切的一点成就、一些结果——一个科学家的新的玩具。

四、发表数论方面的基础研究文章

我们知道,钱伟长学的是物理,但兴趣还很广泛,除了翻译介绍数学方程方面的文章,自己也撰写相关文章。1934年,他的数学论文《数字之排列和》刊出,内容是介绍排列中的数字和(图3-19)。以下摘录部分内容:

定义:将n个不同之数字,任意排列,则可得$n!$个数值,将此$n!$个数加起来则可得一总和,而此总和,今名之曰n**个不同数字的排列和**。

定理一:如将数字之次序,任意交换,则此和不变。

定理二:任何排列和均为($111\cdots$至n位)之倍数。

定理三:任意n位数之排列和均为自$n-1$数以下诸数之倍数。

定理四:排列和为一种数量,且为一种有限之数量。

文章又给出了"顺排列"的概念:"自任何数字n起,连续取n个数字,此n个数字综错排列而所得各数之和,谓之顺排列和。"然后详细讨论了其性质。

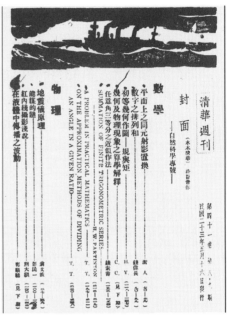

图3-19 1934年5月16日,钱伟长发表数学论文的《清华周刊》(自然科学专号)封面(左)和目录

5月16日出版的第41卷第8—9期《清华周刊》是自然科学专号(专辑),含钱伟长的文章在内有数学类文章8篇、物理4篇、化学2篇,还有地学、生物、心理和应用科学各1篇、3篇、4篇和1篇。

五、文学青年钱伟长

据文汇网刊登杨新宇《文学青年钱伟长》一文介绍,钱伟长大学期间还在《清华暑期周刊》发表了他的早期诗作《荷叶上的露水》[①],钱伟长的人文素养深厚,有此诗作也不使人意外。尽管笔者没有办法查核原文,这里还是转引杨文内容以飨读者。

---

① 杨新宇:《文学青年钱伟长》,文汇客户端,2019年11月16日,https://wenhui.whb.cn/third/baidu/201911/16/303089.html;杨新宇编:《你没读过的诗》,东方出版中心2020年版。

荷叶上的露水

一

荷叶上的露水,

一颗颗的,永远是分散地孤立着,

霍地风来,

它们同归于尽。

二

歧路上的花,

美丽,清雅,

但是,俗世中有没有仙人,

能——它受到赏识。

三

玉泉从山上冲下来,

勇往,猛进,一刻不停留,

半山脚有许多红蓼花,砂石,杂草簇聚在一块儿,很坚固地簇聚着。

玉泉之流几乎被挤住了,几乎停留着了,

忽地拨开红蓼花激开砂石,分开杂草汩汩地出来,

勇往,猛进,一刻不停留;

赶它那光明灿烂的前程。

四

绿柳在牵惹着我,

池鱼在纠缪着我,

一个人为了要静静遂走到荷花池边,

但是,池子里掩映的灯影,和那野风的渺茫迷离,

更使我的灵感掀起波涛,我的神情有所挣扎。

五

霍地醒来,

太阳射满房中,

明晃晃不见一物,

凝视着太阳,

霍地移开目光

暗樾樾不见一物。

六

且莫讲你自己的跋涉和劳动,

就顾怜些窗里的我罢!

深夜的两点呀!

并且,——我夜夜所爱恋着的月亮,亦被你赶跑了。

七

假使天下有情人真个尽成眷属,

这还有什么趣味!

八

未来是不可证实的,

现在是无从捉摸的,

只有过去——呀!过去,

看见窗外的树叶一动,那一动是过去的陈迹了,

听见墙上的时钟一响,那一响已是过去的遗音了,

人们就是这样地过他们一生

——看见和听闻

九

小溪对面的农人,把一壶尿倾在溪里了,

小溪这边的学生,使起了眼色,似乎在说农人的不知水的纯洁,

不过几秒钟水泡的跳跃,

她和溪水混和了,

它们很亲愿的一同流了下去。

十

死神是最冷酷无情的了,

他不许人们带些财产恋爱,学问名誉……进他的铁门。

第六节　有情有义

清华大学四年,钱伟长刻苦学习,与物理系和其他专业的同学、与老师们建立了深厚的友谊。

一、那些同学朋友

根据张宗和的日记记录,1933年8月15日,他和两个姐姐北上北平的路上与钱伟长同行。

张宗和(1914—1977),1932年考上清华大学历史系。四个姐姐即张元和、张允和、张兆和、张充和,是著名的"合肥四姐妹"。祖父是淮军主将、两广总督署直隶总督张树声,父亲为乐益女子中学创办人张冀牖。家族酷爱昆曲,家中兄弟姐妹常内集拍曲,宫商相应,丝竹相谐。曾师从沈传芷、周传铮,习昆小生兼昆旦,兼善吹曲笛。1935年2月,经清华大学西洋语文系1931级同学殷炎麟介绍,与就读于北京大学的四姐张充和一同加入俞平伯支持的清华大学昆曲社团谷音社,成为该曲社重要成员。1936年毕业后,时逢抗战,辗转宣威、昭通、昆明等地避难,并先后执教于宣威乡村师范、昭通国立师范学院、云南大学、立煌古碑冲安徽学院。

1946年，出任苏州乐益女子中学校长，但他认为在自己家办的学校任教，"总觉得不大好"，并没有继承家族教育事业，于次年前往贵州大学历史系任教。1953年院系调整，调入贵阳师范学院（今贵州师范大学）。从1947年到1977年，从33岁到63岁，一直生活在贵阳，前后凡30年，将自己的精力放在教育事业与昆曲活动上，培养了一批史学人才与昆曲人才，为贵阳的昆曲传播与教育奉献半生[①]。

张宗和在当天的日记中写道[②]，他和三姐、四姐从苏州上火车。三等车厢都是全新的，车上遇到了钱伟长和盛健。一夜通宵的火车，第二天到达北平正阳门车站。盛健和张宗和是同一级的，在机械系就读。盛健毕业后加入国民政府空军航空机校第一期高级机械班。

张宗和还在日记里这样写道[③]："1935年9月28日，到图书馆看书，遇到华粹深，他们是来参加曲会的，说陶光要来。我们在房里等他，等到十二点，他也没有来。我们自己出去吃东西，他却又和许世瑛、钱伟长来了。"这里的华粹深和陶光都是谷音社的，包括历史系的李鼎芳和他自己，还有殷炎麟。他四姐张允和与这些人一道，每两周聚一次，李鼎芳唱旦，陶光、张宗和唱生，华粹深生旦都唱。殷炎麟说自己是唱正旦的，但是从不开口，他的二胡拉得特别好，所有刘天华的曲子都会，也常带二胡来伴奏。这里边陶光的嗓子最好[④]。殷炎麟是钱伟长在苏州中学的同学；而华粹深与钱伟长也是同年考入清华大学的，他学中文，在清华大学期间师从俞平伯，毕业后和程砚秋、焦菊隐等人交好。殷炎麟后来长期在天津工作，包括在南开大学、天津戏曲学校任教，从事戏曲艺术教学和文化传播，为京剧研究专家、教育家。

钱伟长小时候就受到家里几位叔叔的影响，特别是四叔钱穆很懂得

---

① 张婷婷：《移植与中断：十六至二十世纪昆曲在贵州的三次传播》，载《戏剧艺术》2019年第4期。
② 张宗和：《张宗和日记（第1卷，1930—1936）》，浙江大学出版社2018年版。
③ 张宗和：《张宗和日记（第1卷，1930—1936）》，浙江大学出版社2018年版。
④ 张充和：《张充和诗文集》，生活·读书·新知三联书店2016年版。

生活，极有生活情趣，他的兴趣爱好很多，盆栽、围棋、箫笛乃至昆曲、京剧都是他的兴趣所在。老家七房桥就有世袭乐户丁家班，专为族中喜庆宴会唱昆曲助兴。钱穆在常州府中学堂上学的时候，学校开设有各种课余游艺班，分为多组。国文老师是童伯章，庄严持重，步履不苟，学生们以道学先生称之。而上堂则俨若两人，善诙谐，多滑稽，又兼动作，如说滩簧，如演文明戏。钱穆自幼即知爱好，遂选修昆曲组，由童伯章教导。各色乐器和角色，童伯章都能一一分授①，所以，从小受到钱穆和家庭环境影响的钱伟长尽管不是谷音社的成员，但也时常参加其活动交流。1983年钱伟长从北京到上海工业大学担任校长不久，就力促学校成立文化艺术中心，为的是让"工科学生也应该接触美育和艺术"。他亲自出面邀请上海文化艺术界众多名人到学校做客，其中大部分人还被邀请为学校文化艺术中心顾问。后来的上海大学音乐学院就是在此基础上成立的。

钱伟长与张家兄妹有着长期的交往。张家老五张寰和自幼就喜欢摄影，除了拍摄风景外，人物也是他的题材。他曾为曾禺、巴金、匡亚明、钱伟长包括孔祥瑛等拍摄过照片。有一次钱伟长夫妇回到苏州，参加在东吴大学举行的清华大学同学会，不少人围着钱伟长要拍照，工作人员就喊着要开会了，因为时间很紧，孔祥英就喊张寰和"小五哥你先来"。恰好张寰和的位置也好，就拍了几张，效果很好②。可见钱伟长夫妇和张家是很熟悉的。

上面提到的许世瑛是钱伟长在清华大学的另一个同学。许世瑛是1930年考入清华大学中文系的，毕业后继续在清华大学读研究生，续从名师赵元任、陈寅恪研究语言声韵学和历史，1936年毕业。这个许世瑛正是《鲁迅全集》里面《开给许世瑛的书单》文章中指的那个许世瑛。许世瑛的父亲许寿裳是浙江绍兴人，中国近代著名学者、传记作家，与鲁迅是终身挚友。鲁迅对许世瑛甚为关爱，《鲁迅日记》提到他达12处之多，此外，

---

① 傅国涌编：《钱穆：常州府中学堂》，同心出版社2012年版。
② 王道编：《似水华年——〈水〉与一个家族的精神传奇》，新星出版社2016年版。

鲁迅致许寿裳书信中也谈及许世瑛。后来,许世瑛一直在台湾担任语言学方面的教授。

1937年4月印制的《清华同学录》记载了钱伟长作为1935届毕业生的信息(图3-20)[①]。第一项为姓名、别号、生年、籍贯。钱伟长还有一个"北海"的别号,后面他很少使用它。1913年生,江苏无锡人。第二项为学历,先是科目,次学位,再是学校和取得学位之年月。钱伟长以物理学科学生身份毕业。第三项为永久通信处及最常来往之校友姓名,以便于万一失去联络时查询。钱伟长列了无锡荡口镇黄石街作为永久通信地址。第四项为现任职务及通信处。因为此项会常变,所以下面的空白是用于填写新地址的。列在最常联络之校友名单第一位的就是许世瑛,后面是魏继武,还有运动好友张光世,再就是陈彬。陈彬是浙江诸暨人,1935年毕业后留校任助教,后来留英,1941年获利兹大学博士学位,先后在上海、江苏、辽宁等地工作,1980年获辽宁省科技进步二等奖。钱伟长来上海工业大学后,在全国广泛挖掘人才,引进陈彬担任化学化工系

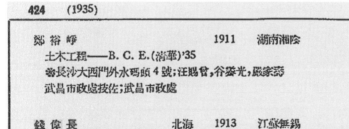

图3-20 1935届校友名录显示的钱伟长的信息

---

① 北平清华大学编:《清华同学录》,国立清华大学校长办公处,1937年4月。

主任,还兼任上海市色材研究所所长、《化工学报》英文版主编[①]。

钱伟长经常提到的另一个同学顾汉章[②],是他大学和高中的同学。顾汉章的名字见于1928年苏州中学录取名单,他是高中普通科二年级文史地组录取的学生,相当于插班生进来读二年级的。清华大学物理系1935年10人的毕业生名单中也有他。钱伟长和他是学业上的挚友,从三年级开始,他们就在叶企孙、吴有训等老师的指导下进行实验测定和分析大气电密度和风向、风速、湿度以及天气间的定量关系。他们自己设计仪器,自己动手制作仪器,克服困难,经过数月夜以继日地工作,完成了《北平大气之导电系数》一文,其中的众多数据和几十张图表浸透着他们的心血。钱伟长在1935年9月3—5日召开的中国物理学会第四次年会上宣读了他们俩的这篇论文。这次会议宣读论文42篇,作者大都是学界名家,其中作者单位为清华大学的有11篇,北平研究院物理所5篇、中央研究院物理所6篇、北京大学3篇、燕京大学9篇、山东大学5篇、徐家汇天文台1篇[③]。

中国物理学会第四次年会在青岛山东大学科学馆举行。年会筹备委员会由王恒守等32人组成。9月2日到会会员到山东大学科学馆报到,9月3日上午年会开幕。中央研究院物理所将其新近制造的高中物理仪器运到会场展览。来宾有中央研究院院长蔡元培等。会上首先由会长李书华报告:本届年会论文有42篇之多;出版物理学报,凡我国物理学家之重要论文均在本学报发表;参加国际物理学协会;订定物理名词;度量衡问题方面的工作,行政院已通过度量衡法名词,与本会所拟订者并用;关于物理教学问题组织委员会等。王恒守报告筹备经过后蔡元培致辞,对"物理"二字的意义详加解释,对物理学关系的重要性亦多有阐述,希望物理学会多参加国际物理研究,以便工作效能提高,并力求普及,以期促进

---

① 张德龙主编:《上海高等教育系统教授录》,华东师范大学出版社1988年版。
② 钱伟长:《钱伟长文选(第4卷)》,上海大学出版社2012年版。
③ 吴翠苹:《中国物理学会研究(1932—1936)》,华中师范大学2015年硕士学位论文;本刊编辑部:《中国物理学会第二、三、四次年会报告资料》,载《物理》1983年第6期。

我国物理学的进步。随后青岛市长、山东大学校长致辞。会上选出叶企孙为会长。9月4日上午宣读论文后继续会务会议,主席叶企孙。会上报告了名词审查委员会和教学委员会的工作,以及中央研究院的高中物理仪器制造工作。年会期间与会者参访了青岛市内历史古迹、工厂、建设工程、观象台,并应邀参加了胶济铁路局和山东大学举办的宴会。

遗憾的是,顾汉章从青岛回来后不久,因病去世。钱伟长在提到这位同学时,总是觉得遗憾,失去了一位学业上的好友。

图3-21中许多人是当时我国物理学界的顶尖专家,还有的是后来成为著名专家。

图3-21 1935年清华大学物理系部分师生在大礼堂合影[①]
一排左起:戴中宸(黄葳)、周培源、赵忠尧、叶企孙、萨本栋、任之恭、傅承义、王遵明
二排左起:杨龙生、彭桓武、钱三强、钱伟长、李鼎初、池钟瀛、秦馨菱、王大珩
三排左起:于光远、杨镇邦、谢毓章、孙珍宝、刘庆龄
四排左起:赫崇本、戴振铎

---

① 周文业等编著:《清华名师风采(工科卷)》,山东画报出版社2012年版。

傅承义是1929年考入清华大学物理系的,毕业后留校先当了一年研究生,然后任助教。后来和钱伟长同一批考取庚款留学,一起去加拿大,他去的是麦吉尔大学物理系。后来成为一名著名的地球物理专家,1957年当选中国科学院学部委员(院士)。

戴中宸,也就是黄葳,1915年生,上海嘉定人。1929年进苏州振华女中读书,1932年考入清华大学物理系学习。积极参加一二·九爱国学生运动,担任纠察与交通工作。大学毕业后留校任教,卢沟桥事变后清华大学南迁,黄葳于1937年冬到长沙临时大学任助教。1938年2月到武汉中共长江局电台工作,一年后到陕西在中共陕西省委宣传部工作。新中国成立后,长期在东北工作,曾任黑龙江省科学技术协会党组书记、黑龙江省科学技术协会主席,中共七大候补代表,第四届全国妇联执行委员,第三、第六届全国人民代表大会代表[①]。黄葳在陕西期间与欧阳钦结婚,两人成为革命道路上一生的伴侣。欧阳钦早年赴法国勤工俭学,1924年加入中国共产党,后在苏联学习军事,1926年回国后加入叶挺独立团参加北伐战争,参加过长征。新中国成立初期到60年代,欧阳钦长期担任中共黑龙江省委第一书记和东北局第二书记。为了解决我国当时贫油问题,1959年位于松辽盆地大同镇的松基3井开钻,提前完钻试油,从而宣告了松辽盆地第一个油田的诞生。同年9月27日,黑龙江省委书记欧阳钦和李范五、李剑白等领导到大同镇祝贺,欧阳钦提议把大同镇改名为"大庆",避免和山西大同同名,既有对发现油田的肯定,又有国庆十周年之意。石油部部长余秋里得知欧阳钦的提议后欣然同意。随后,大庆石油大会战开始,闻名全球的"大庆油田"名称由此诞生[②]。

---

① 中共中央党史研究室第一研究部编:《中国共产党第七次全国代表大会代表名录(上)》,上海人民出版社2005年版。
② 陈君慧:《中国地理知识百科(第4册)》,吉林出版集团有限责任公司2013年版。

二、毕业感言

临近毕业,钱伟长一方面准备考试,一方面也在思考他自己的人生,思考国家的命运。在他的毕业留言里,他推崇的是读书和锻炼身体。"灵敏的脑子读了书会更其灵敏,读书解答问题像是一种渴望",期望着读更多的书。他认为,读书和解决问题之后必须要运动,走向运动场和体育馆"就是一种胜利之后的欢呼一样,是一种得意的动作"。哲学上,除了吃和穿满足基本的需求外,他"更认为一个人精神上的享受比物质上的享受无论如何是来得重要"。他描述了自己喜欢迎接挑战的感觉,他"喜欢寻找困难","最厌恶的是平静无事"。他对当时国家和民族的处境深感忧虑,最后又补充了一段,"在国难严重的时候我们进了清华,现在我们快要离开这里了,可是国家的耻辱还是依旧。伟长!我在热烈地希望来振兴这个喘残的民族"。落款是1935年3月3日[①](图3-22)。

该留言出自《清华年刊(1935)》,这本册子是非正式出版的印刷纪念册,里面收集了校长梅贻琦等学校教授、教师以及1935届毕业生的单人照片和留言。纪念册还包含有出版说明,其中列出了各位老师的捐

图3-22 1935年钱伟长毕业感言

---

① 清华大学编:《清华年刊(1935)》,1935年刊社。

款,梅贻琦校长捐了20元,顾毓琇院长捐了10元,叶企孙、潘光旦等诸位师长捐5元、2元不等,也是为这本册子的刊印作了贡献。尽管如此,钞票还是不够,好在牵头办这件事情的盛澄华同学能耐超群,揽来大量广告,算是差不多凑齐了。不过也是忍痛割爱,删去了大量清华校园美景和同学的文字感想。按照盛澄华的说法,清华的校景本不必多事吹嘘,仅"清华"两字,已够你想象其中的一切了。再就是关于此项零星图版,校内出版物中也随处都有。盛澄华,1913年生,浙江萧山人,1935年清华大学西语系毕业后赴巴黎大学文学院进修四年,在此期间与法国著名作家纪德建立了友谊。回国后历任西北大学、复旦大学、清华大学、北京大学等校外语系教授或系主任,文学创作和译著颇丰。

第七节 研究生学习生涯

一、获得两个研究院的研究生资格

1935年大学部毕业143名学生,而四年前的1931年入学的一年级新生人数为184人。那个年代的跨校转学占比是比较大的,清华大学1931年二年级及以上的插班生就有38人,超过一年级新生人数的1/5强。钱伟长的同学顾汉章在当年的入学名单里面就没有找到,但却是和钱伟长一起毕业的物理系的10人之一。

实际上,每年招收的新生都会同时报考多所大学,比如钱伟长自己当年就被中央大学、交通大学唐山工程学院、清华大学等大学录取。每年清华大学也会取消部分学生的学籍。以1933年为例,《清华副刊》就刊登了《本校本学期修学生六十九名、取消学籍三十七名》的通告[①]。根据教务处的公告,"本学期自开学以来,同学因事或因病陆续陈请休学者,迄今已有六十九人之多……此外尚有未请休学,亦未

---

① 本刊:《本校本学期修学生六十九名、取消学籍三十七名》,载《清华副刊》第40卷第10期,1933年12月。

来校选课注册,或前曾休学现已限满而不到者,照章取消学籍。昨已经教务公布……"民国时期这种现象并不鲜见,以钱伟长的学生叶开沅为例。叶开沅1926年出生于浙江衢州,1945年中学毕业后进入北京大学土木工程系学习,旋即转入燕京大学数学系,1946年又考入唐山工学院,1947年以二年级生考入清华大学电机系,1948年回浙江在浙江大学电机工程系就读半年后又返回清华大学电机系学习,直到1951年毕业后跟随钱伟长攻读研究生。后来,叶开沅成为著名的力学家。

物理系的毕业生名单为徐昌权、许南明、顾汉章、王遵明、钱伟长、赫贵忱、熊大缜、李鼎初、彭桓武、孙德铨等10人。徐昌权和孙德铨赴浙江大学任教;许南明去了南京国立编译馆;顾汉章到上海交通大学物理系任教;王遵明考取留美生去了麻省理工学院,后来归国后在清华大学任教,成为我国冶金和铸造专家;赫贵忱(崇本)做了绥远省立归绥中学教员,后来到太原工业大学任教;熊大缜留校;李鼎初到南京军委会气象室任职;彭桓武和钱伟长在清华大学读研究生。

(一)考取中央研究院研究生

1935年8月,钱伟长考取中央研究院研究生。根据中央研究院1935年度报告记载,"年度内增加人员,计有练习助理员一人,为吴健雄女士;又在南京、北平、上海三处举行研究生考试,共录取四人为钱伟长、曹友信、陈哲人及高叔哿,除钱伟长未来报到外,余均按期入所"[①]。

吴健雄,1912年生,江苏太仓人。1929年考入南京中央大学数学系,一年后改学物理;1934年毕业后在浙江大学深造,后经物理系主任张绍忠推荐到中央研究院物理所从事研究工作。1937年去美国加州大学伯克利分校求学,1938年因为发现铀原子核分裂而一举成名。长期在美国工

---

① 国立中央研究院文书处编:《国立中央研究院二十四年度总报告》,国立中央研究院总办事处,1935年。

作,后曾当选美国物理学会会长[①]。1972年钱伟长访问美国时,专门与吴健雄等科学家交流。

钱伟长没有去中央研究院报到,另外三位就读物理所的前后都去了美国。陈哲人成为著名的物理学家,一直留在加州理工学院与美国太空总署合办的太空喷气推进实验室任特级研究员。

这里比较巧合的是高叔哿是高梦旦的幼子,如果当初钱伟长去中央研究院上学的话,那又是另外的故事了。高叔哿也继承了他们家的传统,晚年在美国和夫人严倚云(严复的孙女)一道,在20世纪80年代拿出多年的积蓄43万美元,在西雅图华盛顿大学设立了"严复翻译奖学金"和"严复奖学金基金",促进中国文化和中国文学在海外的影响和交流[②]。

陈哲人(1911—2013),福建连江人。1947年底前往美国深造,在宾州大学仅两年便取得物理学硕士学位,后转到加州理工学院攻读并取得物理学博士学位。后留在该学院与美国太空总署合办的太空喷气推进实验室任特级研究员,从事有关太空领域的研究,在核聚变及太空飞行基础知识领域作出极大贡献。激光问世后,陈哲人便转入研究激光,并主持高能量激光的研究工作,取得重要研究成果。其还曾参与美国阿波罗登月计划,获得三项专利。

(二)考取清华大学研究生

大学毕业,钱伟长考了两个研究所攻读研究生,一个是在上海的中央研究院物理所,另一个就是清华大学研究院理科研究所物理学部。根据清华大学当年的招收文件记载,1935年8月22日钱伟长位列清华大学新生名单[③](图3-23)。他的同学陈新民、汪德熙,还有同一个系的彭桓武都考取了清华大学的研究生——物理系就只有彭桓武和钱伟长。

彭桓武,1915年生于吉林长春,祖籍湖北麻城。1940年,获英国爱

[①] 《苏州通史》编纂委员会编、李峰主编:《苏州通史(人物卷下,中华民国至中华人民共和国时期)》,苏州大学出版社2019年版。
[②] 秦金哲、冯丰:《低温王国拓荒人——洪朝生传》,中国科学技术出版社2017年版。
[③] 清华大学校史研究室编:《清华大学史料选编(第2卷)·国立清华大学时期(1928—1937)》,清华大学出版社1991年版。

1935年度研究院新生名单※

文研究所外国语文部五名

孙晋三 张景桂 冯冷光 刘光琼 张君川

文科研究所哲学部二名

任 华 李相显

·641·

文科研究所历史学部三名

陈 锹 王 栻 吴乾就

理科研究所物理学部二名

彭桓武 钱伟长

理科研究所化学部五名

陈新民 张明哲 汪德熙 周家仁 林 风

法科研究所政治学部一名

靳文翰

法科研究所经济学部二名

徐毓楠 崔书香

《国立清华大学校刊》第676号

1935年8月22日

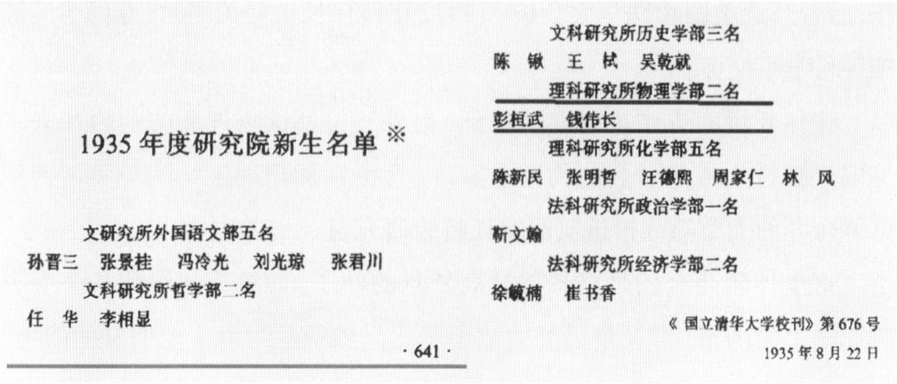

图3-23 1935年钱伟长列清华大学研究生新生名单

丁堡大学哲学博士学位。1948年，当选爱尔兰皇家科学院院士。1955年，被选聘为中国科学院学部委员(院士)。彭桓武长期从事理论物理的基础与应用研究，先后开展了关于原子核、钢锭快速加热工艺、反应堆理论和工程设计以及临界安全等多方面研究。为中国原子能科学事业做了许多开创性的工作。对中国第一代原子弹和氢弹的研究和理论设计作出了重要贡献。1982年，获国家自然科学奖一等奖。1985年，获国家科技进步奖特等奖。1995年，获何梁何利基金科学与技术成就奖。1999年，被授予“两弹一星”功勋奖章①。

图3-24是钱伟长研究生入学后次年，清华大学物理系师生合影。这里面有13人后来成为中国科学院院士，包括彭桓武在内的4人获“两弹一星”功勋奖章。

二、参加一二·九学生运动

1935年，正当日本向华北发动新的侵略，华北形势处于严重危机的时刻，12月北平发生了一二·九运动。这是

① 贾基业：《“两弹一艇”人物谱——与国家命运结缘的人们(上)》，中国原子能出版社2016年版。

第三章 清华大学

图3-24 1936年清华大学物理系师生合影
一排左起：陈亚伦、杨镇邦、王大珩、戴中扆、钱三强、杨龙生、张韵芝、孙湘
二排左起：周培源、赵忠尧、叶企孙、任之恭、吴有训、何家麟、顾柏岩
三排左起：赫崇本、张石城、张景廉、傅承义、彭桓武、陈芳允、夏绳武
四排左起：方俊奎、池钟瀛、周长宁、钱伟长、熊大缜、张恩虬、李崇淮、沈洪涛
五排左起：秦馨菱、戴振铎、郑曾同、林家翘、王天眷、刘绍唐、何成钧、刘庆龄[①]

在中国共产党的领导下，由北平学联组织发动的一次大规模的抗日爱国运动。它使中国人民被压抑的爱国情绪猛烈地爆发出来。正如毛泽东在1939年纪念一二·九运动四周年时所指出的：一二·九运动是"动员全民族抗战的运动，它准备了抗战的思想，准备了抗战的人心，准备了抗战的干部"，"将成为中国历史上的一个非常重要的纪念"[②]。

[①] 储朝晖：《叶企孙画传》，四川教育出版社2016年版。
[②] 中共中央党史研究室：《中国共产党历史第一卷（1921—1949）》，中共党史出版社2020年版。

1935年11月18日,北平大中学校学生联合会(北平学联)成立,女一中学生共产党员郭明秋为学联主席,清华大学学生共产党员姚克广(姚依林)为秘书。12月7日,北平学联召开各校代表大会,决定9日举行请愿游行。9日当天,北平学生六千余人举行游行示威,沿途高呼"打倒日本帝国主义""打倒汉奸卖国贼""反对华北防共自治""停止内战,一致抗日"等口号,向居民作抗日演说,散发抗日传单。当日的清华同学救国会《告全国民众书》中写道:"华北之大,已经安放不得一张平静的书桌了!""起来吧,亡国奴前夕的全国同胞!""自己起来保卫自己的民族""要以血肉和头颅换取我们的自由"。12月11日,北平学联决定即日起总罢课,发表《北平市大中学生联合罢课宣言》。13日,北平六大学校长蒋梦麟、梅贻琦等联合发表《告同学书》,劝同学"即日恢复学业"。14日,清华学生抗日救国会邀请北京大学教授许德珩来校作关于发扬五四传统的演讲。同日北平学联从报上获悉国民政府决定12月16日成立"冀察政务委员会",遂决定16日举行抗议示威。16日,北平学生万余人为反对华北自治再度举行示威游行,在天桥举行大会,通过《不承认冀察政务委员会》《反对华北任何傀儡组织》《收复东北失地》等决议案。清华大学、燕京大学等城外学生游行队伍经西直门、阜成门(均关门),冲破西便门至天桥会师。游行中学生们遭军警镇压,被捕46人,受伤300余人。

根据党的指示,为了将一二·九运动引向深入,平津学生联合会组织了500人左右的南下扩大宣传团。12月25日,清华学生高葆琦(高原)、凌松如(凌则之)、钱伟长等20余人组成清华自行车队赴南京(图3-25),沿途在天津、沧县、济南等地进行抗日宣传,翌年1月13日到达南京[①]。1月15日在南京中央大旅社和中央大学等散发传单,全体被捕,押解郑州,逐放北返。

在从清华大学出发前,当叶企孙老师知道了钱伟长参加这一队伍,而

[①] 蒋永新、王海雄、詹华清等编:《钱伟长图影编年》,上海大学出版社2008年版。

图3-25 1936年1月,钱伟长参加一二·九运动南下抗日宣传队
前排左起:裴崑山(彭平)、高葆琦(高原)、凌松如、徐煜坚、张石城、高崇照、钱伟长[①]

且还有六名物理系学生(其中有戴振铎,现为美国科学院院士)和四名化学系学生参加后,即派熊大缜来给他们几个补充行装,动员八级物理系的杨龙生同学把他的加强的新自行车借给钱伟长。熊大缜把自己的皮夹克借给钱伟长御寒,又给每人配备一条学校所存军毯。出发的早晨,梅贻琦校长和叶企孙老师都在大礼堂前送行,不仅如此,叶企孙还派青年体育教师张龄佳在天津、济南、徐州等地为同学们打前站,疏通地方当局给他们放行。同学们在南京被捕后,也是叶企孙动员南京中央研究院物理研究所所长丁西林(新中国成立后曾任中央人民政府文化部部长)等出面交涉,才以押解至郑州,放逐北返了事。

---

① 方惠坚、张思敬主编:《清华大学志(下)》,清华大学出版社2001年版。

这些细节,钱伟长回忆起来仍历历在目,对叶企孙和学校的关心满怀感激。这种老师对学生的爱护之情,在钱伟长身上传承。钱伟长后来在担任上海大学校长期间,最关心的就是学生的事情。他强调,我们要培养"一个全面发展的人,一个爱国者,一个辩证唯物主义者,一个有文化修养、道德品格高尚、心灵美好的人;其次才是又有学科专业知识的人,一个工程师、专门家"①。

钱伟长秉持爱国热情,积极投入宣传爱国、救国的活动中,正像他在毕业感言中说的:"热烈地希望来振兴这个喘残的民族"。同时他也为校园内一些有悖于当时氛围的事情积极表达关注。例如钱伟长对学校西乐会社团举办的所谓"西洋妖艳舞女"表演就坚决反对,并在《清华副刊》联名刊文表达抗议②(图3-26):"同人等概以国难严重,我青年学子身处危城,今垢忍辱,尚不知命运之所届,正宜卧薪尝胆,本周呼号,以期有所匡救于万一,焉能不才不肖若此?"

图3-26 1936年11月,钱伟长等呼吁净化校园文化环境

三、奠定以问题为导向的科学研究基础

钱伟长自己总结道,"1935年至1937年是一二·九运动风

---

① 钱伟长:《钱伟长论教育》,上海大学出版社2018年版。
② 本刊:《严重警告西乐会主事并敬告全体同学》,载《清华副刊》第45卷第5—6期,1936年11月。

起云涌的时期,我的大量精力和时间用来参加抗日救亡运动和民族解放宣传队的群众活动,用在业务上的时间较少。但也在导师吴有训教授指导下进行一些有关X射线的研究,以及在黄子卿教授指导下进行了一些有关溶液理论的物理化学研究,可惜所写的有关这方面的论文稿都在日寇占领清华时丢失了"[①]。通过夜以继日的实验和理论分析,钱伟长完成了关于游离钙光谱分析的论文。该文"就已知之记录,分析钙之二度游离光谱。凡较强之线在Schumann氏范围之极端约λ1010以下者几全均识别;而所新得之十六项亦具表详列对AI,KII及Ca III之等电子序并有详细的讨论。更有$3s3p^64s^3S_1$项者,与$3s^23p^44s$诸项相配合,亦经分析酌定焉"。完稿后投递《中国物理学报》,编辑部1937年4月30日收到钱伟长投稿,标题为The Spectrum of Doubly Ionized Calcium(Ca III)(《二度游离钙之光谱分析》)。该文在1937年6月刊出。

黄子卿(1900—1982),广东梅县人。中国物理化学家,中国科学院学部委员(院士)。早年就读于美国威斯康星大学、康奈尔大学,为麻省理工学院哲学博士。曾任清华大学、西南联合大学、北京大学教授,中国化学学会副理事长,毕生从事物理化学的教学和研究工作。

钱伟长除了在中学时打下深厚的人文基础外,上大学后在数理化等基础理论上也得以加强。后来,他常常自嘲为"万能科学家",也从另一个角度说明他研究领域所涉及的学科之广泛。六七十年代,钱伟长不断深化对装甲的研究,积累了十几年的研究工作,1984年出版了著名的《穿甲力学》一书。针对我国当时坦克电池容量短板,1972年钱伟长、童诗白、徐日新和宋镜瀛等四位清华大学教授组织起一个跨院系、跨专业的高能电池研究组。他们采用锌空气电池研制方案,经过两年多的试制、试验和不断改进,做成了能装在车上进行试用的电池。试车结果表明,锌空气电池重量轻,能量密度和功率密度都高,车辆行驶性能良好,为后续的电池研

[①] 钱伟长:《钱伟长文集(上,1987—2009)》,上海大学出版社2013年版。

究积累了经验和资料①。

湖南大学黄天泽教授在《风雨半世纪——我与中国汽车工业》②一文中专门介绍钱伟长的教学方式和科学探索精神,说他自己深受钱伟长思想的影响。1954年,黄天泽"在清华园里还旁听了著名力学家钱伟长教授专门为西郊八大学院教师开设的'应用数学'课,给我印象最深的不是该课程的具体内容,而是他多年来的治学经验。他强调指出:对待任何问题,首先得弄明白'问题的提出',其次则是探求'解决问题的途径和措施',最后在于'检查任务解决得怎样?遗留下尚待深入探索的问题何在?'其实,干任何工作都离不开'目标''处理过程'和'结论'这三部曲。他的这一段'画龙点睛'的经验之谈,像一盏明灯长期照耀着我的教学、科研乃至指导研究生等各项工作。正因为他教给我的不是具体的知识,而是如何去'做学问'的方法,使我深刻地认识到,只有搞清'来龙去脉',才能'画龙点睛'"。这段文字深刻概括了钱伟长倡导的解决问题的研究方法,也就是问题导向的工作方法。钱伟长在清华大学从叶企孙、吴有训等老师那里学到的正是这些,"注重于解决实际问题及实验工作"。

大学四年的严格训练打下了基础,研究生阶段则主要靠自学和自己去发现问题,在老师的指导下不断克服困难,解决问题。钱伟长回忆这段大学生活的收获时说③:"物理系那时课程不多,但是都是精选的重点课,四年中一共只学了大学普通物理、理论力学、热学热力学、电磁学、光学和声学、电动力学、量子力学、统计力学、近代物理、原子物理、相对论和无线电学等12门课,每学期只有一两门主干物理课,每课讲得不多,但每堂课一开始就公布指定自学材料的书名和章节,这些自学材料在学生图书馆

---

① 中国科学技术协会编:《中国科学技术专家传略——工程技术编机械卷1》,机械工业出版社1996年版。
② 张忠孝总编:《风雨路上梦成真——科技专家学者企业家奋斗创新》,湖南科学技术出版社2002年版。
③ 钱伟长:《钱伟长论教育》,上海大学出版社2018年版。

阅览室借书台上用很简便的手续可以随时借阅,只用借书证抵押就能借用一个单位,限在阅览室中阅读。像赵忠尧教授讲的电磁学,一学期45学时讲课,教本是阿达姆著的《电磁学》,还要求学生自学了路易斯编的工学院直流电机和交流电机两本教材的主要部分。各位老师讲课都很精彩,多数人并不按教材讲,而按逻辑和发展历史讲,一般都能启发我们思考问题、争论问题,使科学的精髓深入学生思想,经过自由争论,都变成了自己的东西,终身不忘。尤其像热力学、量子论、相对论、量子力学、近代物理等课中……都是叶企孙和吴有训老师特别反复重视从历史发展和实验上讲解的内容。"

物理系注重理科的基础理论学习,重视学生选修化学系和数学系的主干课。在叶企孙老师的鼓励下,钱伟长就全面学习了定性和定量分析、有机化学和物理化学等四门化学课和全部化学实验课,也选修了数学系熊庆来、杨武之教授开设的高等分析、近世代数、集合论、群论、微分几何等课。叶企孙老师等还鼓励学生去听机械系和电机系、航空系的主干课。在这四年中,钱伟长在数学、物理、化学和工程方面建立了较为广宽的基础,而且学到了一整套自学的科学方法并树立了严肃的科学学风。按照他的说法:"为我一辈子的科研教学工作打下了一个坚实的基础。"

四、获高梦旦奖学金以及科学研究经费资助

(一)获高梦旦奖学金

据1937年6月18日《申报》报道,钱伟长获高梦旦奖学金(图3-27)。这笔奖学金对钱伟长来说也是很重要的,因为按照他自己的说法,"得以继续在清华的优良环境中学习研究"。

高梦旦(1870—1936),福建长乐人。少年时期喜爱实用学问,曾任浙江大学堂总教习,后率留学生赴日,任留日学生监督。进入商务印书馆后,高梦旦被聘为编译所国文部部长,后升任编译所所长。五四新文化运动兴起后,自思不识外文,不适于担任编译所所长,退居出版部部长。60

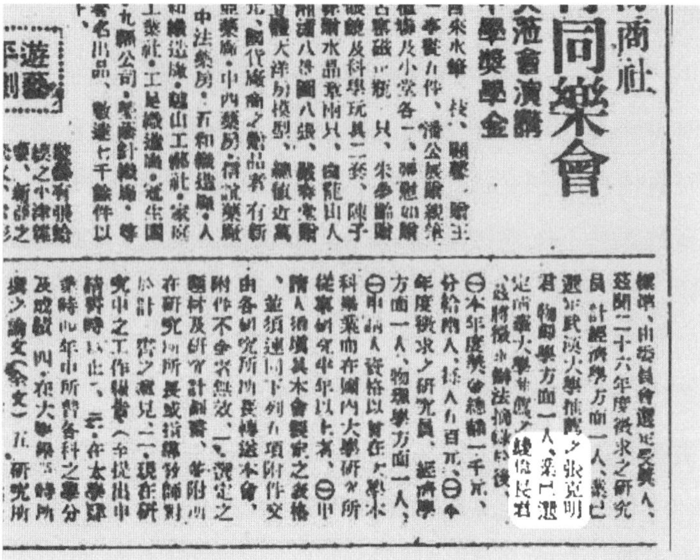

图3-27 钱伟长和武汉大学张克明同获高梦旦奖学金（《申报》局部）

岁时自动告老辞职。曾研究辞典检索法，倡议并参与编辑《日本法规大全》《新字典》《辞源》。但不喜撰述，所著仅《十三个月历法》《泰西格言集》两书。

高梦旦去世后，他的朋友纷纷撰文纪念，外人才得知这个籍籍无名的人物，原来是一个出身名门、才高八斗，却低调不争、助人为乐的大好人。胡适在高梦旦去世后撰写的《高梦旦先生小传》一文，因为不断被收入各种文集，甚至中学教材，更使得高梦旦的事迹名扬天下。胡适在文中将高梦旦称为"是一个处处能体谅人，能了解人，能热烈地爱人的，新时代的圣人"[①]。

高梦旦先生奖学基金，由商务印书馆董事会捐款设立，其目的在奖励自然科学及社会科学之研究，借以纪念已故高梦旦先生。为保管本基金，发给奖

---

① 金炳亮：《苦斗与壮游——王云五评传》，广东人民出版社2018年版；胡适：《人生有什么意义》，江苏文艺出版社2018年版。

金及处理其他相关事,另设委员会,由中央研究院、中国科学社、中华学艺社、中国经济学社高先生家族、商务印书馆董事会、商务印书馆管理处各抽代表一人组织之。规定每年发给奖金一次,预向国内各研究所征求研究员,并依规定标准,由委员会选定受奖人。兹闻二十六年征求至研究员,计经济学方面一人,业已选定武汉大学推荐之张克明君;物理学方面一人业已选定清华大学推荐之钱伟长君。兹将征求办法摘录附后:

- 本年度奖金总额一千元,分给两人,每人各五百元。
- 今年度征求之研究员:经济学方面一人,物理学方面一人。
- 申请人资格以曾在大学本科毕业而在国内大学研究所从事研究半年以上者。
- 申请人需填写具本会制定之表格,并须连同下列五项附件交由各研究所所长转送本会。附件不全者无效。

(一)选定之题材及研究计划书,并附研究所所长或指导教师对计划书之意见;(二)现在研究中之工作报告(至提出申请书时为止);(三)在大学肄业四年中所习各科之学分及成绩;(四)在大学学习时所撰之论文(全文);(五)研究所所属之大学校医发之健康证明书。

- 本会自申请人中按列左列之标准选定受奖人:(一)所选题材在本会认为重要而其计划有成功之可能者;(二)现在研究工作已有相当成就者;(三)在大学时之各科成绩优良、对于所专研究题材有关之各科尤有特长者;(四)毕业论文确有心得者;(五)未得任何机关之辅助或所得之辅助费较少者;(六)家境贫寒或担负较重者;(七)体格健全能胜任其所计划之研究者。
- 本奖金本年五月发半数,明年二月续发半数。由本会送至所在之研究所,嘱托各该所按月代为支付并索取受奖人收据业交本会保存。

● 凡受奖者应于二十七年一月内及同年七月内将研究工作详情及所得成绩缮具报告交所在研究所。由指导教师加批之后送本会保存。本会得摘要发表之。①

在高梦旦奖学金的支持下,钱伟长在清华大学完成了两篇论文——"Analysis of the Spectrum of Singly Ionized Cerium"(《铈之游离光谱之分析》)、"Highly Ionized Potassium and Calcium Spectra"(《高度游离钾及钙之光谱》),并将两篇文章一起向《中国物理学报》投稿。编辑部在1938年8月15日收到稿件,很快就评审接受并于1939年6月发表。前一篇文章还专门注明作者钱伟长是"高梦旦奖学金物理门研究生"。

(二) 获协助科学工作人员研究资助

郭永怀和钱伟长是很好的朋友,后来他们都获得中英庚款留学基金支持出国留学,实际上,在他们获得中英庚款留学基金资助之前,就有一次获得中英庚款董事会的科学研究资助的经历。

"管理中英庚款董事会"正式成立于1931年4月8日,其职能为管理和分配英国退还的庚子赔款,朱家骅任董事长,杭立武为总干事,傅斯年任其执行机构之一——协助科学工作人员委员会的人文科学组主席,陈寅恪则为人文科学组评审专家之一。"1938年3月,管理中英庚款董事会在香港召开董事会议决定救济文化机构,并拨专款资助科学研究"②。

1938年,钱伟长和郭永怀获中英庚款董事会协助科学工作人员研究资助。单这次发布的协助地质地理、动物学、算学、物理等七个学科,合计107人,其中物理学科有钱伟长、郭永怀、胡乾善等。这次资助分为协助和部分协助两种,另有部分协助者10人。该项目是非常时期出台协助贵阳、昆明、重庆和桂林等地科学工作人员的。在待遇上,月薪自80元起至200

---

① 本报:《高梦旦奖学基金近讯》,载《申报》1937年6月18日;本报:《高梦旦奖学金已选定二受奖人》,载《大公报》1937年6月18日。
② 复旦大学历史学系:《近代中国的知识与观念》,上海古籍出版社2019年版。

元不等,共分七级,每级20元。

1938年11月26日,《申报》报道:

管理中英庚款董事会前为在非常时期协助科学工作人员,特订定办法六项。其要点:(一)凡科学工作人员,因原工作机关紧缩或因他故,不能继续工作者,得向该会请求协助。(二)待遇:月薪自八十元起至二百元止,分七级,每级二十元。(三)暂定贵阳、昆明、重庆、桂林为工作中心,但亦得在他处工作。(四)协助学科(科目从略)云云。经公告手续,国内学术团体及个人,依照所定资格及请求手续,按期声请协助后该会协助科学工作人员。地质及地理、动植物及生理、算学、物理、化学、农学医各组业已审查完竣,兹志录取人名于下:

（一）地质及地理组,王炳章、苏良赫……

（二）动植物及生理组,童第周、陈桢……

（三）算学组,李珩、李达……

（四）物理组,胡干善、褚圣麟、江安才、刘朝阳、钱伟长、刘毓章、郭永怀、王承害、刘君、李之爱。

（五）化学组,曹焕文、汪泰基……

（六）农学组,阎玟玉、喻锡章……

（七）医学组,祝维章、王朝华……又酌予协助者柴组彦、桂秉华……又讯,该会前拨专款十三万八千元办理协助事宜,嗣因声请人数过众,复续筹十二万五千元,前后共廿六万三千元。除以一部分购置重庆、桂林、昆明、贵阳四工作中心区之研究设备等项外,其余悉数充协助专款。兹据该会负责人谈,此次声请者约一千六百余人。经各组专门审查委员会审查通过,准予协助者共一百八十三人,其中颇多高级、中级及新进科学人才,全年共需款约二十二万二千元。所有受协助人薪俸一律自八月份起支,至明年七月底止,为期一年。惟领受协款者,由该会指定工作地点专事研究,不得兼受其他机关薪给或奖学金或类似之报酬云。[1]

注意这里的协助者共183人包括这里所列的七个理科医科农科门类的117人，以及人文科学、社会科学和工程学科方面的被资助对象。实际上，这项资助在1938年10月4日《云南日报》上就有信息刊登，中英庚款会协助科学工作人员人文科学组揭晓通告称，本会前为办理非常时期协助科学工作人员一案，除社会科学及工程两组审查结果也已登报公布外，兹续将人文科学组准予协助人名单揭晓如次，共计12人，其中包括钱伟长的好友费孝通。

中英庚款会有相应的管理制度，对于科学研究工作成效较好的被资助者，还会继续支持。根据杨立德的撰文记载[2]，钱伟长、郭永怀等同列40位"国立西南联合大学1940年度协助科学工作人员名单"中，即该年度他们还继续获取庚款会的这项资助。

在昆明的西南联合大学、云南大学等院校承担了管理和指导在这里的被资助者的工作。根据文献[3]记载，可以看出这两校的贡献。这项资助后续还进行了多年，包括资助出国留学等。西南联大先后义务培养了约百名"协助科学人员"（习惯上亦称"科学人员研究班"），为他们分别配备指导教师，确定研究方向，制定培养方案，开设有关课程，并吸收他们和各所研究生一道参加科研工作。中英庚款会所拨专款均作为他们的科研、生活费用，西南联大不取分文。少数人还被西南联大聘为教师。这批人员中涌现了大量优秀人才，如钱伟长、郭永怀等都成了杰出的科学家。

五、经津南下

1937年卢沟桥事变后，北平沦陷，清华大学开始撤离北平，学校让叶

---

[1] 《中英庚款董事会协助科学工作人员》，载《申报》1938年11月26日。
[2] 杨立德：《西南联大的斯芬克司之谜》，云南人民出版社2005年版。
[3] 刘兴育主编：《云南大学史料丛书（学术卷，1923—1949年）》，云南大学出版社2010年版。

企孙留北平主持其事,并设法解决南下师生困难,特别是提供旅费资助。11月以前叶企孙住在东交民巷六国饭店。这段时间钱伟长住四叔钱穆在北平的家里,同时继续完成自己的研究工作,在稀有元素的光谱分析工作上有较大进展。这期间,他几乎每星期都到六国饭店找叶企孙讨论分析光谱线中遇到的各种问题,得到叶企孙的悉心指导。不仅如此,叶企孙还关心他们的生活费用的事情。到11月中,叶企孙建议钱伟长和因患肺病留在北平的葛庭燧在清华大学化学系主任张子高教授管理的国家编译局支持下,翻译那时新出的葛氏原子核物理学,用翻译报酬支持生活和葛庭燧养病之用①。

1937年底,南京沦陷,住在荡口的祖母和母亲音信全无,钱伟长放心不下家里的情况,辗转回老家荡口探望。从英租界乘太古怡和的船到上海,接着晚上从上海再乘运煤船到十六圩(现在的张家港)去荡口。晚上坐上运煤船,钱伟长发现甲板上有一位旅客似曾相识,再一细看,原来就是荣毅仁。此时,荣毅仁已经大学毕业,这运煤船就是他家公司的。钱伟长和他曾在无锡荣巷公益学校做过一年同学。那是1925年,父亲钱挚被聘为无锡城郊荣巷公益学校的教务主任,于是钱伟长也就跟着插班来到这里就读。公益学校是荣宗敬、荣德生昆仲创办的一所私立学校,是一所初级中学,除中学的初一、初二和初三年级外,还另设有高小的五、六两个年级。尽管当时钱伟长和荣毅仁交往不是十分密切,这次在船上相遇也是机缘巧合,但荣毅仁还是亲切嘱咐钱伟长不要戴眼镜,不要坐轮船,要扮作普通乡下人出行才更加安全些。后来钱伟长和荣毅仁一直保持着深厚情谊。钱伟长在老家住了一段时间,春节后返回北平②。

(一)积极参与服务根据地

钱伟长这期间住在钱穆家,到了1937年12月,有一天叶企孙和熊大

---

① 钱伟长:《钱伟长论教育》,上海大学出版社2018年版。
② 苏克勤:《院士世家——钱穆·钱伟长·钱易》,河南科学技术出版社2014年版;柯琳娟:《以国家需要为专业的科学家——钱伟长传》,江苏人民出版社2009年版。

缜来存放一批干电池和电阻电容。这些物资将运往吕正操领导下的冀中根据地,不久便有人来取走;后面也不断有一些东西来中转。年后叶企孙离开北平去天津,住在英租界戈登路(今湖北路)清华同学会。1938年2月钱伟长从老家回来后,叶企孙曾托人让他去找汪德熙,动员汪德熙去冀中区指导制造火药。汪德熙知道这是叶企孙老师的意见后,当即同意去冀中,估计半年可以完成。钱伟长和汪德熙约好秋后在津会合,同去南方。3月,钱伟长也离开北平去天津清华同学会,在天津见到了化学系研究生同学林风,还有何汝楫、祝懿德等人。由于支持冀中根据地用去了不少经费,叶企孙不得不去想法寻找财源,加上梅贻琦校长在昆明累次电报催促他早动身南下,所以10月份叶企孙离开天津,经上海、香港,于11月底抵达昆明。为了向社会宣传当时华北地区的抗日形势,叶企孙专门以"唐士"的笔名撰写题为《河北省内的抗战概况》的文章,发表于钱端升主办的《今日评论》1939年第1卷第1期上。文中以诚挚的爱国热情和战略眼光论河北抗战大势,并动员各种专业人员赴冀中支持抗日第一线[①]。

(二)耀华学校任教

1938年,钱伟长在耀华学校担任物理课老师。这段时间,钱伟长在继续先前研究的同时,还投入在天津的支持冀中根据地的工作。为了筹足川资,他经过学长何汝楫介绍,到天津英租界耀华学校教书(图3-28)。何汝楫是浙江人,嘉兴秀州中学毕业时理科第一,获金钥匙奖章。他是清华大学物理系五级的,比钱伟长高两届,这时候正好也在耀华学校。钱伟长入职后担任初三和高一两个年级的物理课,同时还兼任女生班的班主任,月薪为150元。清华大学同学会的临时办事处就在附近,协调安排南下的师生员工和家属顺利过津。钱伟长在叶企孙和熊大缜的帮助下,暂时安

---

① 叶铭汉、戴念祖、李艳平编:《叶企孙文存》,首都师范大学出版社2013年版;钱伟长:《钱伟长论教育》,上海大学出版社2018年版。

顿下来,租的房子就在这个临时办事处附近——现在的湖北路15号①。

梁思礼这段时间正好在耀华学校上学,他是从南开中学转过来的,钱伟长的物理课给他带来深刻的影响。梁思礼后来回忆②,由于南开中学被日军轰炸,部分学生转移到耀华学校就读。"钱伟长先生曾任物理教员","他教得非常好,我从他那儿学到的物理知识获益匪浅"。除此之外,钱伟长对进步学生很关心,有时候讲完课以后,也给他们讲一些华北冀中抗日根据地的事情。这些故事和进步思想,深深吸引了梁思礼。

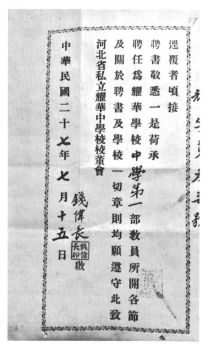

图3-28 1938年7月15日,天津耀华学校给钱伟长的聘书

好的老师不仅教学生功课,而且教学生做人。钱伟长在耀华学校让学生接受知识的同时,也让他们接受爱国主义教育。耀华学校除了赵天麟校长,很多教师的行为给学生起到了表率作用。1942届毕业生戎学珍回忆:"由于耀华母校的教学宗旨完善,师资水平较高,弘扬了爱国主义精神,反对日寇的奴化教育。李竞义同学讲,钱伟长老师在教物理课时,时时不忘宣扬爱国主义思想教育,因而我们从耀华中学毕业的学生,既有爱国主义的优良传统,又有坚实的文化基础,优秀人才颇多。"③爱国,是

---

① 牛一兵、王宏主编,天津日报传媒集团编:《天津小洋楼名人故居完全档案(第3卷)》,天津教育出版社2011年版。
② 宗道一主编:《中国蘑菇红云的幕后》,中国财政经济出版社2005年版。
③ 廉泽昊:《近现代天津高中爱国教育典型案例研究——以天津耀华学校为例》,载《天津教育》2019年第19期。

钱伟长一生的信念。后来他在清华大学教学期间，专门梳理过如何提升在物理课程教学中的爱国主义教育。他认为，"爱国主义教育是一切教育工作的前提"，"我们绝对不能把爱国主义教育和某一专门的业务教学分开来看"，"因为，只有我们把爱国主义教育贯彻到每一业务教育里去，才能达到提高业务的目的，才能很好地完成培育青年的任务"[①]。

过了64年的2002年，耀华中学建校75周年之际，钱伟长来到天津，回到了当年任教的耀华中学。他给耀华中学题词"勤朴忠诚，耀我中华"，也特地回到了湖北路15号当年住过的地方，找寻那时的回忆。

（三）南下昆明

1938年12月，钱伟长与如约来津的汪德熙会合，和同学苏良赫和刘好治四人同船离津，计划经港去昆明。

从清华撤离的路线，几乎都是通过天津。在北平和华北有的学校撤离到西北的，那就是另外的路线了。起初的时候，因为路上的突发意外较多，所以时间较长，待局势稍有稳定后，线路也相对稳定下来。

沈从文从北平撤离到昆明，就经过了八个多月，当然，他在途中还有各种讲学，以及其他的事情花了许多时间。这段时间由于是初期的撤离，所以不一定具有代表性，但是也能让我们了解当时的整个进程和路途的艰难。卢沟桥事变后，7月28日，北平沦陷。8月12日，沈从文按照当时教育部的通知，结伴逃出北平，"搭第一次平津通车过天津"。同行的有杨振声、梅贻琦、叶公超、周培源、朱光潜、钱端升、张奚若、梁宗岱等。到达天津已是半夜，第二天一早，沈从文和大家在法租界找了个住处。8月21日，搭乘一条英国商船到了烟台，然后搭乘汽车于8月27日到南京。三天后挤上一艘英国客船，自己没票，幸得南开大学林同济向船长介绍后得以免票，且在特等舱里住了四天，9月4日抵达武汉，住武昌珞珈山附近。10月28日，沈从文到达长沙与朱自清、杨振声商谈教科书的编撰事宜。后又回

---

① 钱伟长：《肃清物理教学中的非爱国主义内容》，载《人民清华》1951年9月1日。

到武汉,到12月13日南京沦陷,下旬武汉大学停办,沈从文离开武汉到了长沙。1938年1月中旬,沈从文回到湘西老家沅陵,住大哥家三个多月。4月13日凌晨五点半离开沅陵,经贵阳于4月30日到达昆明。总结一下,去掉路上的各种事务,这时候的撤离路线是:北平 →火车→ 天津 →乘船→ 烟台 →汽车→ 南京 →乘船→ 武汉 →汽车→ 长沙 →汽车→ 贵阳 →汽车→ 昆明。从长沙出发去昆明的还有一部分是坐火车经广州到香港,乘船到越南海防,然后上岸通过滇越铁路到昆明。也有一部分是从长沙乘车经过广西桂林到达镇南关进入越南,抵达河内后转由滇越铁路到昆明,钱伟长的四叔钱穆他们一行十余位老师就是走的这条线路[1]。据说还有一条更为险峻的路线,就是从江西九江出发,护送学校的大型仪器设备沿长江过三峡到重庆登岸,然后乘汽车去云南,走这条线路的是航空系的部分师生[2]。

比较具有代表性的是张兆和他们一行的这条路线。当然,过程中有沈从文的安排,也算是走得比较顺利的,花了一个多月的时间。9月底,张兆和带着两个孩子和九妹岳萌,终于成行:从天津乘船到上海,再往香港。10月在香港等待船只期间,遇到回上海省亲返昆明的施蛰存。据施蛰存回忆:"从文、颉刚都有电报来,要我和他们的眷属结伴同行,代为照顾,徐迟也介绍他的姊姊和我一起走。……十月二十八日,一行七人,搭上一艘直放海防的小轮船。顾夫人身体不健,买了二等舱位,余者都买了统舱位,每人一架帆布床,并排安置在甲板上,船行时,颠簸得很厉害。""船行二昼夜,到达海防,寓天然饭店。次日,休息一日,在海防补充了一些生活用品。次日,乘火车到老街,宿天然饭店。这里是越南和中国云南省的边境,过铁路桥,就是云南省的河口。当晚,由旅馆代办好云南省的入境签证。次日,乘滇越铁路中国段的火车到开远,止宿于天然饭店。次日,继续乘车,于十一月四日下午到达昆明。这一次旅行,我照料四位女士,两个孩子,携

---

[1] 印永清:《钱穆》,河北教育出版社2003年版;吴宝璋:《西南联大二十五讲》,云南人民出版社2016年版。
[2] 李洪涛:《大师的密码》,云南人民出版社2019年版。

带大小行李三十一件。船到海防,上岸验关时,那些法国关吏把我们的行李逐件打开。到河口,又一度检查,比海防情况好些。每次歇夜,行李都得随身带走。全程七日这一件事,我自负是平生一大功勋,当时我自以为颇有'指挥若定'的风度。"[①]这条线路相对简洁,也是后面钱伟长他们走的路线:北平 —火车→ 天津 —乘船→ 上海 —乘船→ 香港 —乘船→ 海防 —滇越铁路→ 昆明。

钱伟长12月份从天津到昆明的整个路线,与张兆和的路线一致,差别是钱伟长他们一路只能靠自己。还好,那时正值年轻,一路颠簸也还是扛得住的。一路上,四个同学——汪德熙、苏良赫、刘好治和钱伟长自己,同乘经过香港、海防,自河内乘滇越铁路经过老街、蒙自,于1939年元旦抵达昆明西南联大[②]。

苏良赫是1933年考入清华大学的,1937年8月至次年7月,在天津耀华学校当教员;这一年也获得了中英庚款董事会协助科学工作人员研究资助,然后在国立西南联合大学任教[③],1947年获英国文化委员会奖金赴英留学,先后在曼彻斯特大学地质学系、剑桥大学矿物岩石学系从事科学研究,并取得博士学位。1950年5月,苏良赫回国后在天津大学、北京地质学院(现中国地质大学)工作,为著名地质学家。

另外一个同学刘好治,1933年考入清华大学,毕业后留校任教。北平沦陷后,刘好治作为全面抗战伊始清华"平校保管委员会"及保管人员名单(1937年11月)中的一员,担任地学系气象台保管员[④],从天津抵达昆明西南联大继续从事气象方面的课程教学。后到英国利物浦大学海洋系学习,1950年回国后就职于海军气象部门,成为著名的海洋气象专家。

---

① 张新颖:《沈从文的前半生(1902—1948)》,上海三联书店2018年版;陈子善编:《海上文学百家文库79——施蛰存卷》,上海文艺出版社2010年版;吴世勇编:《沈从文年谱》,天津人民出版社2006年版。
② 钱伟长:《八十自述》,海天出版社1998年版。
③ 王文俊主编、北京大学等编:《国立西南联合大学史料(4)——教职员卷》,云南教育出版社1998年版。
④ 清华大学校史研究室编:《清华大学史料选编(第3卷上)——抗日战争时期的清华大学(1937—1946)》,清华大学出版社1994年版。

第四章　西南联合大学

> 多难殷忧新国运,动心忍性希前哲。
>
> ——西南联合大学校歌

钱伟长抵达昆明已经是1939年元旦节,这一年注定是钱伟长人生中重要的一年——参加中英庚款留学考试、结婚、两篇论文发表、参加物理学会年会等。

不久,适逢叶企孙调重庆中央研究院任总干事,钱伟长负责讲授西南联合大学叶企孙上的课——热力学课程,给物理系的学生讲一个学期。接过叶企孙留下的大纲,尽管内容钱伟长都是熟悉的,但是对于钱伟长来说是一个大挑战。因为叶企孙讲课的一个特点就是,将这个学科的最新发展内容在课堂上也糅进去,这样学生可以了解一些前沿的东西。正是这样的方法,成了后面钱伟长一辈子讲课的指导原则。他后来讲授了十年的理论力学和材料力学,年年结合各门工程的实际发展,讲许多新的实际例题,正是继承了他的老师叶企孙的精神。他说,后来在加拿大听过不少国际知名权威人士,如其导师辛吉(J. L. Synge),还有英菲尔德(L. Infeld)等教授讲课,也都是这样讲的[①]。

---

① 钱伟长:《八十自述》,海天出版社1998年版。

第一节　获第七届中英庚款留学资助

一、留学学科和报名要求

就在这段时间,中英庚款留学考试方面有了消息,钱伟长对这方面的情况是有所了解的,清华大学前面也有一些学生通过这个考试出国深造。

钱伟长的不少同学前几年就留英留美去了,钱伟长自己也希望持续进行学术研究。在1938年考取了中英庚款留学基金资助去英国留学的同学中,就有他们同一届的彭桓武去了爱丁堡大学,学弟王大珩去了英国帝国理工大学。《中央日报》[①]和《新闻报》都有报道中英庚款会留英考试报名的一些情况,"管理中英庚款董事会办理留英考试已历六届,兹闻该会续办第七届考试,将于五月十日在重庆、上海两处开始报名,六月廿日截止;七月廿三、廿四日,在重庆、昆明、上海、香港四处,同时举行考试。所有报名手续及各学门、应考专门科目等项,不日即可公布"。

关于招收公费留学生各科的名额分配计划,1939年5月14日,《新

---
① 《中央日报》(重庆)1939年2月10日。

闻报》作了报道①。"名额廿六名,学门分十二类。上海已于十日起开始报名。"在名额分配上是这样安排的:物理两人,其中一名注重应用弹性力学,另一名注重应用地球物理。报考资格方面,前者招收物理或算学系的毕业生;后者即应用地理学学门要求考生是物理算学地质或地理各系毕业生。整个名额分配如表4-1所示。有意思的是,《新闻报》14日的报道里,招生计划26人和12门学科与报道内容都对不上号。表4-1是根据《教与学》月刊的内容补充完成的,其中带*的两个学科是补充的。这样,完整的数据是,当年招生计划是26人,招收的学科(学门)涵盖15门。

表4-1 招考留学生的学门和计划名额②(单位:人)

学 门	计划人数	学 门	计划人数	学 门	计划人数
物理	2	物理化学	1	生物化学	1
地理	2	航空工程	2	造船	2
纺织	2	药物	1	生理学	1
兽医	2	畜牧	2	教育	2
法学	2	算学*	2	冶金*	2

5月24日,《新闻报》③详细报道了留学报名学门和资格要求。报纸介绍15个学门的考试科目,特地分析了本届招考留英公费生注重工业学门。具体内容如下:

> 管理中英庚款董事会,考选第七届留英公费生,业已决定本年七月二十三日至二十四日在重庆、昆明、上海、香港等四处举行。上

---

① 《中英庚款会招考七届留英公费生》,载《新闻报》1939年5月14日。
② 带*的两个学科数据是根据《教育学》月刊第4卷第3期(1939年5月31日)补充的。
③ 《中英庚款会招考留英公费生》,载《新闻报》1939年5月24日。

海该会报名分处，已自前（二十二）日正式开始报名，两日来前往索章报名极踊跃。闻于本届考选学门，据该会报名分处陈君称，略有变更。除经济学因国内经济人才甚多不考选外，本届注重工业科学，以求实际之需要。故特将航空工程、造船、冶金、纺织等专列入本届考选，其考试科目：普通科计（一）党义、（二）国文、（三）英文。专门科：（一）物理：甲，应用弹力学组：① 普通算学（包括微积分及微分方程）、② 理论力学及物性、③ 热学光学电磁学；乙，应用地球物理组：① 普通算学（包括微积分及微分方程）、② 普通物理、③ 力学及电磁学，或地质学及矿床学。（二）物理化学：① 普通算学及普通物理、② 普通化学（包括无机有机及分析）。（三）生物化学：① 普通化学（包括无机有机及分析）、② 生物化学、③ 生物学。（四）算学：① 普通算学（包括微积分及微分方程）、② 高等算学解析、③ 高等代数及几何，或应用力学，或算学物理。（五）地理：① 中外地理、② 地形学、③ 气候学。（六）航空工程：应用力学及材料力学（机身锻造组考结构学、发动机组考内燃机学）。（七）造船：① 应用力学及材料力学、② 机构学及机械设计、③ 热力学工程及水力学。（八）冶金：① 化学（包括无机分析及理论化学）、② 冶金学及金属学、③ 热力工程及电机工程。（九）纺织：① 纺织学、② 机构学及机械设计、③ 热力学过程及电机工程。（十）药理学：① 生理学、② 药理学、③ 内科学。（十一）生理学：① 物理学化学及生物学、② 生理学（包括生物化学）、③ 解剖学。（十二）兽医：① 家畜解剖生理学、② 兽医学、③ 生物化学。（十三）畜牧：① 家畜解剖生理学、② 遗传学及家畜育种学、③ 家畜管理学（包括家畜饲养学）。（十四）教育学：① 心理学（注重教育心理）、② 教育原理（包括目标□□方法、行政组织）、③ 教育史（包括中国及西洋两部分）。（十五）法学：甲，行政法组：① 宪法及行政法、② 民法、③ 国际公法；乙，国际私法组、① 法理学及民法、② 国际公法、③ 国际私法。

二、考试情况

钱伟长在进行科学研究的同时也在准备留学考试。这期间,他和林家翘、郭永怀相互帮助、相互支持。郭永怀是第二次报名参加,有前面的经验;而林家翘是准备得比较充分的。不过,后面考试报名的时候,林家翘选择的专业是算学(数学)。据蒲以康[①]的解释,为了避免在同一学科下相互竞争,按照招考广告上名额分配是物理学科只有两个名额。

1939年7月,*The North-China Daily News* 报道[②],第七届中英庚款留学基金考试将于7月23—25日分别在重庆、昆明、香港和上海四地举行。《申报》介绍,仅在上海就有90多人参加考试。报道称,预期8月早些时候就会有考试结果公布。

考试后的一个月,8月25日,招考结果揭晓[③]。具体录取人员如下:物理,郭永怀、钱伟长、陈承义;物理化学,汪盛年、林慰桢;生物化学,张龙翔、沈昭文;算学,林家翘、段学复、曹隆;地理学,李春芬、罗开富;航空工程,谢安祐、朱承基;冶金,姚玉林、张禄经;药物学,易见龙;兽医,宋杰;教育学,曹飞、张孟修、欧阳子祥;法学,靳文翰、陈春沂、韩德培。全部合计24名。该会已代购赴英舱位,并通知录取各生于9月9日前在香港会合,乘由港放洋之大英轮公司邮船出国。

关于具体的出国日期及手续:要求录取人见报道后即电报联系基金会接洽出国手续。中英庚款会的地址在重庆两路口王川别墅电报挂号款字。香港集中地点为香港德辅道八号三楼高宝森公司。人员聚齐后,领取留学证书、出国护照及公费旅费,一道于9月16日乘轮出国,不得延误[④]。

---

① 蒲以康:《第七届中英庚款留学生的出国求学之路》,载《科学文化评论》2021年第1期。
② *The North-China Daily News*,1939-07-18.
③ 本报:《中英庚款会本年招考留英公费生揭晓》,载《前线日报》1939年8月27日;本报:《中英庚款本年招考揭晓》,载《中央日报》1939年8月26日。
④ 刘兴育:《旧闻新编——民国时期云南高校记忆》上册,云南大学出版社2015年版。

第二节 在昆明结婚

一、珠联璧合，佳偶天成

在中英庚款留学基金考试结束后，钱伟长办了一件终身大事。1939年8月1日，钱伟长与孔祥瑛在昆明结婚（图4-1）。

章玉政和刘玉章主编的《刘文典笔下的日本》所附刘文典年表记载：1939年8月1日，刘文典"与顾颉刚、冯友兰、朱自清等同赴钱伟长、孔祥瑛宴请"[1]。

图4-1 1939年8月，钱伟长与孔祥瑛结婚照[2]

---

[1] 章玉政、刘平章主编：《刘文典笔下的日本》，合肥工业大学出版社2012年版。

[2] 周文业、陶中源、周广业等编著：《寸草心——清华名师夫人卷》下册，山东画报出版社2012年版。

作为这场婚礼的另一位见证者,当时就职于南迁至昆明的北平研究院史学研究所的顾颉刚在其日记中写道[①],8月1日,"赴钱孔吉席。九时许,冒大雨归,与佩弦同行。今晚同席:吴正之夫妇、芝生、钱临照夫妇、佩弦、张为申夫妇、戴振铎、吴大猷、刘叔雅、容琬,共六桌(以上客)。钱伟长、孔祥瑛(以上主)"。这里的吴正之就是钱伟长的老师吴有训(字正之),吴有训的夫人即王立芬。芝生就是西南联大文学院长冯友兰教授。佩弦是朱自清,时任西南联大中文系主任。张为申(字伟森)是西南联大师范学院理化学系讲师。戴振铎此时是任之恭教授的助教。吴大猷1934年回国后在北京大学物理系任教授,这期间是西南联大教授。刘文典,字叔雅,是很有个性的文学院教授。容琬是北京大学的"才女",南迁的时候一道来西南联大,她是容庚之女。

二、岩坚泉清,宜结良缘

1939年夏天,钱伟长四叔钱穆在宜良县的岩泉寺编撰《国史大纲》,钱伟长夫妇婚后到这里来度蜜月。这部书出版后即在全国风行,成为抗战这个特定时期增强全国人民爱国主义情感的佳作,增强了国人积极投入抗战的精神力量。为了纪念钱穆的这段经历,让更多人了解那段历史,宜良县历时八个月完成了"钱穆著书纪念馆"的建设,并于2019年6月4日对外开放。

从纪念馆旁边拾级而上,约200米处即是岩泉。此处流水源自岩缝,终年不断。泉旁石崖上名家刻字甚多。往左边沿路行走,数步之后即是"尹真阁"(即这里的"藏真阁"遗址所在)。尹真阁即是当年钱伟长和孔祥瑛度蜜月期间的住所,遗憾的是"文革"期间焚毁了。1994年,钱伟长携夫人孔祥瑛重访故地,并写"岩坚泉清宜结良缘"以为纪念(图4-2)。2000年9月,宜良县立碑,立于岩泉公园"飞霞流云"崖刻壁右侧原藏真

---

① 顾颉刚:《顾颉刚日记(第四卷,1938—1942)》,中华书局2011年版。

阁遗址。碑高1.38米,宽0.68米;座为两级:一级长1.30米,宽0.94米,高0.23米;二级长0.90米,宽0.54米,高0.17米;白石;两面刻字,碑阳为邑人杨光华隶书"藏真阁遗址"(图4-3),碑阴为2000年郑祖荣撰文。这里摘录藏真阁遗址碑记文字如下:

> 阁建于清康熙间(1662—1722)。时岩泉山有天池道人尹澈清,为邑之北古城人,《宜良县志》有传。清初结庐岩泉山今尹真洞,苦心修炼,不染凡尘。性坚韧,终岁蓬头跣足以为常。冬夏一衲,不尚华丽。日食两餐,饭一盂,蔬一碗而已。暇则焚香静坐,恭默思道。其制眼药多奇效,人皆德之。晚年,徒众为之祝嘏,于龙泉之南石壁下凿一穴,请画师写其真于内,为藏真之所,外则覆以亭轩。亭内环立石碑,刻时贤名士题赠诗词于其上,名曰"藏真阁"。因阁主道人姓尹,亦称"尹真阁"。此阁为岩泉重要纪念性建筑,依崖结构,飞檐凌空,造型古雅,巧夺天工。两

图4-2 2020年10月21日,宜良县向上海大学赠送牌匾

图4-3 藏真阁遗址碑阳面和碑记

层。上层为道士居住,尹真人即坐化于此。下层为游人登览品茶之所。一九三六年至一九三八年,邑人严中英尝养疴于此。病榻辗侧,撰《观海楼诗稿》,凡二百余诗,丰子恺先生为之作画,后付梓,成为岩泉宝贵之文化遗产。一九三九年秋,钱穆教授寄居岩泉著书时,后期亦在阁中小住。其侄钱伟长时就读西南联大,并随其叔父至此。新婚时,即在阁内享度蜜月,小住达三月之久。阁于"文革"前毁弃。五十五年后,伟长先生偕夫人旧地重游,感慨系之,题曰:"岩坚泉清,宜结良缘。"已镌诸崖际。

第三节　第七届中国物理学会年会

一、会议安排

1939年6月2日,中国物理学会评议会议确定9月23—25日在昆明国立云南大学举行年会。筹备会先后于7月22日和9月18日举行会议,确定了12人的年会筹备委员会,沈玉彦为委员长,田渠任文书,会计则由钱临照担任。下面还有三个组:会程组、接待组和论文组。

议程上,9月23日上午9点起注册,会议注册人数54人。10点开始大会,中午12点拍摄集体照。下午继续会议。后面几天除了继续安排论文宣读和选举外,还安排了参观在昆明的中央研究院、北平研究院、西南联大、云南大学以及附近的一些工厂。

二、会议论文

钱伟长列年会论文一览表第十四位(图4-4),论文题目是《稀有土原子光谱之分析及结构》。郭永怀、林家翘以及钱伟长的老师周培源、吴有训等都在论文报告名单上。23日和24日两天分别宣读论文12篇和14篇,按照顺序,钱伟长是在24日上午宣读他的论文。

(四) 年會論文一覽表

1. 周培源：Reynold氏求解似應力方法之推廣與旋流之性質.
2. 郭永懷：炮彈運動方程式之數量解算.
3. 施汝為、潘孝碩：多結晶鐵磁物質之表面磁性.
4. 施汝為、潘孝碩：磁鐵礦結晶之磁性構造.
5. 余瑞璜、黃培雲：六[illegible]銅酸鎳晶體之研究第二節：低溫變體之結構.
6. 余瑞璜：六氨氯化鎳、六氨溴化鎳、六氨碘化鎳晶體之空間組合.
7. 余瑞璜：由X線實驗值直接決定晶體結構方法之研究.
8. 吳有訓：複雜晶體散射X線之理論.
9. 張宗燧：Kirkwood氏求合金之分配函數方法之檢討.
10. 林家翹：二元合金超格之互作用能與原子排列之關係.
11. 吳有訓、[illegible]：X線之吸收.
12. 鍾盛標：水楊酸及其[illegible]水溶液之吸收譜.
13. 鍾盛標：水楊酸及水楊酸[illegible]蒸汽之紫外線吸收譜.
14. 錢偉長：稀土原子光譜之分析及結構.
15. 吳大猷：高激起之原子能位.
16. 吳大猷：1,2氯化二烷之振動光譜及內轉動問題.
17. 陸學善、張鴻吉、易大元：壓力對於X線照相之影响.
18. 陸學善、嚴濟慈：壓力之照相效應與潛像之理論.
19. 田渠：潛像形成時光能之效率.
20. 張鴻吉：雲南重力加速度之測定.
21. 顧功敘：滇蜀之磁反常.
22. 周同慶、李之[illegible]：超聲回音測量器之構造與試驗.
23. 王恒守：空襲威力之物理研究.
24. 葉楷：高週率時真空管內低壓放電之性質.
25. 馬[illegible]、張[illegible]：力線管有負荷時之特性.
26. 陳[illegible]：頂部有負荷之直立天地線.

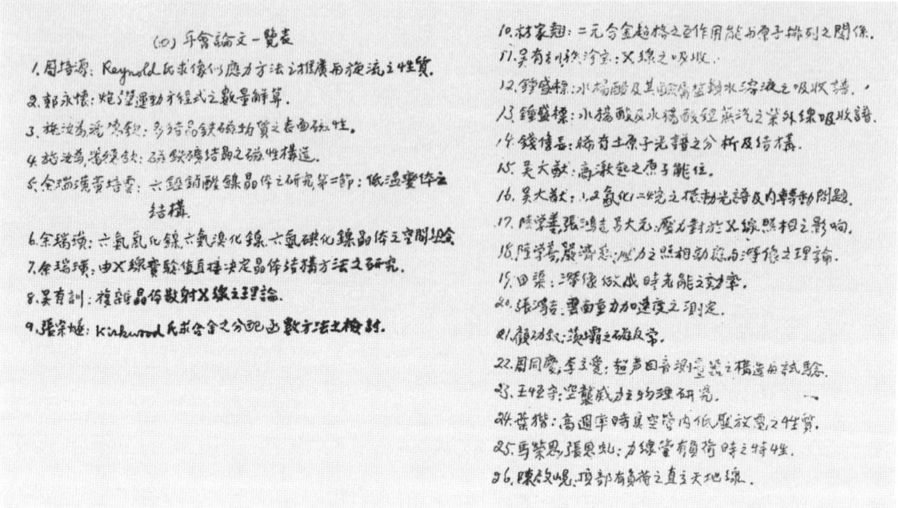

图4-4　1939年中国物理学会第七届年会论文一览表

会员名单里有钱三强、钱临照、钱伟长等，钱三强的地址已经是巴黎大学了，钱伟长地址填写的是“昆明西南联合大学理学院”①。

① 中国物理学会：《中国物理学会第七次年会报告》，昆明，1939年。

第四节　几经波折的出国之路

一、出发四次方才成行

考试录取情况揭晓以后,钱伟长就匆匆按照要求准备好行李出发。途中接到通知,由于欧洲战事爆发,原定9月16日出国行程暂时取消[①]。1939年11月17日,*The North-China Daily News* 报道,这批留学生预计将于次年9月份再去英国。这段时间,庚款会将帮助这批学生联系单位实习或见习[②]。

例如后来成为地理学家和地理教育家的李春芬,他是当年随中央大学内迁至重庆沙坪坝继续任教,暂缓赴英深造期间,庚款委员会就指定李四光和黄国璋两位教授为其导师,进行业务准备,后来他在加拿大多伦多大学留学,师从国际著名地理学家泰勒教授[③]。

不久,庚款会又通知他们出发,经上海转往加拿大留学,并于1940年2月26日赶往上海,但是此次还是未能成行。

[①] 本刊:《科学新闻:第七届留英公费生考试揭晓》,载《科学》1939年第23卷第10期。
[②] From ay to day. *The North-China Daily News*,1939-11-17.
[③] 中国民主同盟上海市委员会编:《沪盟先贤》,群言出版社2016年版。

关于这24位留学生出国的曲折经历,蒲以康有专文介绍[①]。文章详细分析了所搜集到的材料,提出的观点是他们出国实际上出发了四次,也就是在第四次才总算顺利抵达加拿大。主要依据是林家翘的护照和上面的出入境签注。前三次都是从昆明出发的时间,第一次出发是1939年9月5日或6日,第二次出发是11月下旬(30日离开河口),第三次是1940年2月16日;第四次除了四位(靳文翰、欧阳子祥、罗开富和谢安祜)是当班轮船从香港乘船外,其余人从上海出发,上海出发时间是8月10日。

这里通过钱伟长夫人孔祥瑛的记录来对照,与该文所述有很大的一致性。1940年3月5日夜,孔祥瑛对这段弥足珍贵的经历做了这样的记载:"去岁八月一日于昆明与伟结婚,四日即移车宜良岩泉寺尹真阁;寺居山上,环以树木,时虽炎暑,而山中恻恻清凉。山居恬静,清风明月不胜欣领,日以晨曦、鸟鸣、泉流、松涛为侣。寺中有草坪,傍晚辙往散步,远眺田畴阡陌,山高天远,吭歌畅销,胸怀为之澄旷,绝去尘想。"1994年,钱伟长与夫人孔祥瑛一道重游故地,并写下"岩坚泉清,宜结良缘"八个字,后来宜良县政府在岩泉寺设立"钱穆著书"纪念馆,也将这八个大字刻于岩上。

孔祥瑛写道,"八月二十七日,伟自邮局得二十六日《中央日报》,第七届庚款考试揭晓,伟录取为物理学门弹力学公费生"。"余既闻其讯,喜不可遏,然又虑匆匆别去。伟即日乘下午二时十分区间车进省,九月二日返,偕余同往;四日米士林即南去。""旋以欧战爆发,九日后车由海防返抵宜良。车驿握别未及旬日,然思念弥殷,既返家,倍深情爱。"也就是,这里说的9月4日出发,9日返回宜良。因为回昆明的火车先要经过宜良,钱伟长应该是直接在宜良下车的。当然,有可能4日是离开宜良到昆明去与林家翘他们碰面再出发,也就是蒲文所说的第一次出发时间。笔者没有在孔祥瑛记录中发现有第二次出发时间的记载。第三次的时间是有的,"兹以伟

---

① 蒲以康:《第七届中英庚款留学生的出国求学之路》,载《科学文化评论》2021年第1期。

于二月十六日匆匆赴沪出国,即录Russell及King之文与伟所分析者并存之"。很清楚,16日"匆匆赴沪"应该是直接上车往越南再乘船去上海,3月初抵达上海。后续孔祥瑛在3月22日补的记录中这样说,"得伟十四日自沪返滇讯",即钱伟长14日回昆明。这次往返,钱伟长差不多有整一个月的时间;林家翘由于要在上海订婚,所以应是28日前后回到昆明的。

关于第三次去后又折返的原因,按蒲文所说:一是由于日军企图抓获这批学生精英;二是途经加拿大赴英国的大西洋线路非常危险,因为德国潜艇的威胁巨大。这在孔祥瑛22日的记录里有这样的记载:"此行更多碍难,既以出国手续会方未办妥,又以安全问题未便遽去,而会方召返,并有严重处罚,闻之殊令人愤愤,所谓不如意事十八九欤。"注意这里的两句话,"既以出国手续会方未办妥"和"又以安全问题未便遽去",可以理解成第二次是会方手续没有办好,所以到了海防后又返回昆明。后一句明确了,由于"安全问题"而匆匆离开上海,这与蒲文所分析的原因较为一致。

钱伟长仍旧回到了昆明,并安排孔祥瑛回重庆的娘家待产。7月,钱伟长经历半月跋涉,抵达重庆,与妻子会面[①]。

第四次出发时间在事后的各家报纸有报道,即8月9日离开上海。这之前,钱伟长在上海见了赶巧来送行的四叔钱穆、大妹钱舒琦以及两个无锡年少时的同学胡嘉生和华燮和,留下了一张难得的照片(图4-5)。钱伟长是以何种方式抵达上海不得而知。由于滇越铁路中断,在昆明的同学由国民政府的专机送到香港,陆陆续续从香港乘船到上海集中。钱伟长在重庆,也可能是政府专门的飞机送到香港的,因为当时在重庆的应该不止他一个。李春芬在沙坪坝的中央大学,谢安祐在航空系,曹飞在理学院心理学系,易见龙随中央大学医学院在成都华西坝。

钱伟长有几次提到,他们仨,也就是钱伟长、林家翘、郭永怀三人去师

---

① 印永清:《钱穆》,河北教育出版社2003年版;钱伟长:《钱伟长文选》,浙江科学技术出版社1992年版。

图4-5　1940年8月,钱伟长等24人再次启程,赴加拿大深造。钱穆特地从苏州赶往上海送行,并与亲友在上海拍了一张照片,这张照片,钱伟长珍藏了一生。从此,叔侄二人天各一方[①],再次见面,已是40多年后的事情了

从辛吉(J. L. Synge)教授学习应用数学,都是周培源的推荐[②],这应该是3月份后他们已经明确不可能去英国后的事情了。实际上,后面他们在美国加州的时候还经常到周培源在美国时的住处去,成了常客。

二、滞留昆明期间坚持科学研究

在滞留昆明期间,钱伟长还是坚持自己的科学研究。第一次中途折返,回到了宜良之后,钱伟长夫人孔祥瑛这样记载:

未几,伟即开始分析Europium(锗)光谱,寝食俱

[①] 钱泽红:《钱穆、钱伟长叔侄》,载《党政论坛(干部文摘)》2010年第12期。
[②] 钱伟长:《钱伟长文集(上)》,上海大学出版社2013年版。

废;晨与朝阳同起,晚则于煤油灯下孜孜工作,表格数字则由余抄录,历时一月始告完成,共得光谱线千余条,伟以为往昔成绩所未有者,拟请吴正之、叶企孙诸师批阅后即寄美国 *The Astrophysical Journal* 发表,成名当在此一举,庶不负数年研究之苦也。暨进城,乃于联大图书馆中得新陈列之 July 1939 号 *The Astrophysical Journal*,该光谱已为 H. N. Russell 及 A. S. King 发表矣,与伟所得多吻合。三日后归,余于阁中远瞩,伟独迈上山,即趋迎寺下,相携登阁,乃备告始末,不胜惋惜,虽愈时已久,尤耿耿于怀,此后,遇不如意事,即以此事自嘲,命也矣夫。

这里描述了钱伟长一丝不苟的科研精神,从数据的校对到请老师指导等细节。遗憾的是已经有人将这方面的实验做了,论文刚刚刊出来,使钱伟长发文的期望落空了,成为一个遗憾,"命也矣夫"。

像这里的铕,以及其他的稀土金属,这段时间钱伟长做了深入的研究,积累了他对这些矿藏的深刻认识。稀土(rareearth,简称RE)是化学元素周期表第三副族中原子序数从57至71的15个镧系元素,即镧(La)、铈(Ce)、镨(Pr)、钕(Nd)、钷(Pm)、钐(Sm)、铕(Eu)、钆(Gd)、铽(Tb)、镝(Dy)、钬(Ho)、铒(Er)、铥(Tm)、镱(Yb)、镥(Lu),再加上与其电子结构和化学性质相近的钪(Sc)和钇(Y),共17种元素的总称。稀土元素并不稀少,也不像"土",而是典型的金属元素。最早在1787年,瑞典业余矿物学家阿雷尼乌斯(Arrhenius)在斯德哥尔摩东北约30千米的一个村庄伊特比(Ytterby)发现了一种新矿物(硅铍钇矿)。1794年,芬兰化学家约翰·加多林(J. Gadolin)从这种新矿物中发现了一种新元素,并将其命名为钇土(即钇的氧化物),自此拉开了研究、利用稀土的新纪元。由于各稀土元素性质极其相似,在自然界中共生,分离十分困难,受当时科技水平限制,只能制得一些不纯净的、像土一样的氧化物(实际上是混合稀土),这些混合物的外表颜色及不溶于水的性质很像当时被称为"泥土"的碱土金属氧化物,因此,科学家认为这些稀土氧化物较其他金属稀少,故将这些元素称为"稀土"。

在此后的107年间,科学家陆续发现了铽、铒、镱、钬、铥、镝、镥、铈、镧、钐、钪、钇、钕、镨、铕等15种稀土元素。1947年,马林斯基(J. A. Marinsky)等人用人工方法从核反应堆铀的裂变产物中提取出最后一个稀土元素钷,至此共经历153年的艰苦探索,17种稀土元素才被全部发现。

国外稀土工业的发展始于1886年,奥地利人韦尔斯巴赫发现,将99%的氧化钍和1%的氧化铈混合物加热,会发出强光,制成了称为奥尔灯的汽灯纱罩,并开始走向工业化,在德国获得了制造发明专利。为获取钍,挪威和瑞典开始开采稀土矿,从而拉开了世界稀土工业化生产的序幕。20世纪80年代,中国稀土工业快速发展,1986年稀土冶炼分离产品产量超过美国,成为世界最大的稀土生产国。我国的稀土工业发展大致可分为四个阶段,即1949—1977年的起步阶段,1978—1985年的稳步发展阶段,1986—1995年的高速发展阶段,1996年以后的调整升级阶段。中国稀土工业发展至今,其产业链逐步延长和完善。稀土矿石、稀土精矿及初级稀土化合物处于产业链的上游;稀土化合物、稀土金属及合金处于产业链的中游;产业链的下游是以稀土化合物或稀土金属、稀土合金为原料,经深加工获得的高附加值的稀土功能性材料,如稀土发光材料、稀土催化材料、稀土磁性材料、稀土储氢材料等。稀土功能材料的研发和实际应用关系到国家的综合经济实力和国防军工水平,已成为世界各国大力发展的高技术领域。稀土功能材料在新能源汽车、风力发电、新型显示与照明、机器人、电子信息、航空航天、国防军工、节能环保及高端装备制造等战略性新兴产业中均发挥着不可或缺的核心基础材料的作用[①]。

钱伟长在20世纪70年代末80年代初的时候,到全国各地宣讲我国要实现四个现代化,据说有300多场,场场都是听众爆满。他认为实现四个现代化的条件之一,就是我国有包括稀土在内的丰富资源矿藏,有中央政府的强力领导,将全国人民组织起来,实现现代化的目标是肯定的[②]。从现在我国稀土工业发展状况看,钱伟长对稀土重要性的认识是颇具战略眼光的。

---

① 黄小卫、李红卫主编:《中国稀土》,冶金工业出版社2015年版。
② 钱伟长:《关于实现四个现代化的几个问题》,载《北京盟讯》1980年第4期。

第五章　留学和归国

无名无利无悔,有情有义有祖国。
——2010年度感动中国人物给钱伟长的颁奖词

第一节　留学北美

一、多伦多大学

1940年9月14日，钱伟长等抵达温哥华，又过三天即9月17日到达多伦多。钱伟长和他的两个同学郭永怀、林家翘一道进入多伦多大学应用数学系学习，在辛吉教授指导下攻读研究生。

这位辛吉教授是爱尔兰人，英国皇家学会会员，在应用数学、固体力学、流体力学、相对论等领域颇有建树。辛吉可以说是继威廉·罗恩·哈密顿（William Rowan Hamilton, 1805—1865）之后最伟大的爱尔兰数学家和理论物理学家。他在多个学科领域作出过杰出的贡献，尤其是对爱因斯坦的相对论。除了为相对论带来清晰和新的见解外，他的几何方法还深刻影响了20世纪60年代后该学科的发展[①]。

1920年，辛吉从都柏林圣三一大学（Trinity College Dublin）毕业后留校，11月份应聘来到加拿大多伦多大学数学系任助教。这期间他发表了一系列的研究成果，包括"A System of Space-time Coordinates"（《时空坐

---

① Petros S. Florides. John Lighton Synge. *Biogr. Mems Fell. R. Soc.* 54, 401–424 (2008).

标系统》)等。1925年他返回母校执教,1926年成为爱尔兰皇家学会会员和执行会员。1930年,辛吉应邀第二次来到加拿大多伦多大学,创建了北美第一个应用数学系,他自己也完成了许多重要研究工作,直到1943年全职在美国就职俄亥俄大学数学系系主任。1946年,辛吉接受邀请,在工业城市匹兹堡建立并领导卡内基理工学院(现在的卡内基梅隆大学)的数学系,在这里一直工作到1948年返回自己的祖国爱尔兰工作,直到1995年去世。辛吉的父母,一个是房地产经纪人,一个是爱尔兰著名工程师的女儿。辛吉认为,就遗传而言,他对数学的兴趣是继承了家庭的基因。辛吉的亲属中,他的叔叔约翰·米林顿·辛吉是世界著名的剧作家和诗意剧作家,他的一个远房表弟理查德·劳伦斯·米林顿·辛吉则获得了1952年诺贝尔化学奖;最值得一提的恐怕是他的二女儿凯瑟琳·辛吉·莫拉维茨,这位杰出的数学家曾经担任美国数学会(AMS)主席。他杰出的学生中除了钱伟长、林家翘和郭永怀这些中国学生外,还有2000年沃尔夫数学奖获得者拉乌尔·博特(Raoul Bott)和1994年诺贝尔经济学奖获得者约翰·纳什(John Nash)。这两位都是辛吉在卡内基理工学院的学生,前者是研究生、后者是本科生,他们在辛吉的张量微积分(tensor calculus)课堂上深受其影响。1985年,这位哈佛大学教授博特在访问都柏林时回忆道,辛吉经常戴口罩来应对污染的大气;偶尔他也会为他天生有问题的左眼戴上眼罩,结果他经常被称为"看起来很凶猛的家伙"。

辛吉教授与数学界公认的权威奖项——菲尔兹奖还有着密切关系。根据菲尔兹奖官方网站[①]介绍,1924年第七届国际数学家大会在多伦多举行,多伦多大学的数学教授约翰·查尔斯·菲尔兹(John Charles Fields)就是这次会议的主要组织者之一。当年的会议筹措资金在会议结束后还有余,菲尔兹一直在谋划,希望能够在数学界设立一个奖项。他在欧洲和北美之间来回穿梭,尽管当时国际形势复杂,他的计划还是有了一些眉目。

---

① 菲尔兹奖官方网站,https://www.fields.utoronto.ca/about/fields-medal。

第五章 留学和归国

遗憾的是,菲尔兹的身体越来越差,1932年8月9日去世,生前将设立奖项的事情委托给了辛吉。辛吉努力去实现这一设想,在1932年苏黎世国际数学家大会上做了详细汇报后,获得了国际数学联盟(IMU)的广泛支持——尽管还有不少意见。该奖项最初的种子资金就是1924年多伦多大会遗留下来的资金,菲尔兹自己身后捐献的财产也纳入基金。尽管他书面指示奖项不得有任何人的名字,但从一开始它就被称为"菲尔兹奖"。菲尔兹奖首次颁发是在挪威奥斯陆举行的1936年第10届国际数学家大会上,授予杰西·道格拉斯(美国)和拉尔斯·阿尔弗斯(芬兰)。菲尔兹奖当初没有规定任何年龄限制。在随后的几年里,国际数学联盟做出了一系列决定,最终在1960年莫斯科大会上做出了一项决定,规定年龄上限为40岁[①]。

初步安顿下来之后,钱伟长开始专注于学术研究。通过与辛吉教授的交谈,钱伟长惊喜地发现辛吉教授也在研究板壳的内禀理论,但用的是宏观方法,而钱伟长用微观方法得出了同样的结果。1939年钱伟长在昆明的时候,从王竹溪那里借到一本拉夫著的《弹性力学的数学理论》(*A Treatise on the Mathematical Theory of Elasticity*),从中看到当时国际的弹性板壳理论研究各自为政,板、壳的研究割裂,而且各种形状的板壳有不同的方程。钱伟长的想法是研究一种统一的,从三维弹性力学为基础的内禀理论,利用高斯坐标的张量表达的微分几何来表示变形和应力分量,结果得到前所未有的统一内禀理论。讨论之后,辛吉教授提议把两种理论合在一起,写出一篇论文,钱伟长经过50天的日夜苦战,就拿出了论文初稿。这样,他和导师合作的文章"The Intrinsic Theory of Elastic Shells and Plates"(《弹性板壳内禀理论》),作为庆祝冯·卡门(Theodore Von Kármán)教授60岁生日的纪念文集中的一篇,收录在 *Theodore Von Kármán Anniversary Volume: Contributions to Applied Mechanics and*

[①] Petros S. Florides. John Lighton Synge. Biogr. Mems Fell. R. Soc. 54, 401–424 (2008).

Related Subjects 一书中,该书1941年1月完成于加州理工学院。

次年 *The Aeronautical Journal* 专门评论了这个专辑[①]。书评首先以赞赏的口吻表达了对冯·卡门的肯定,说这个专辑有许多知名科学家的论文出现,体现了冯·卡门自身的科学声誉。

> 很少有人像这本书里的例子那样向任何人致敬,也很少有人像他那样值得这样致敬。这本书是一本科学论文集,由冯·卡门教授的少数朋友贡献,以表达他们对他60岁生日的祝贺,并表达他们对他杰出工作的赞赏。本卷列出了涉及工程各个领域的论文90多篇的一个清单。

美国工程院院士克拉克·密立根(Clark B. Millikan)在对冯·卡门的研究工作进行介绍时,指出有三个特点:

(a) 对某种现象的一种新概念的发现和提出,这种现象迄今为止仍然是无法解释和神秘的,换句话说,是最高层次的创造性科学概念。

(b) 材料的分类和简化为清晰透明的形式,以前人们对这些材料的理解是混乱和简练的。

(c) 在复杂的工程问题中寻找基本的物理元素,从而得到合理而简单的近似解。

这些特征体现在他的科学或技术工作中;在所有这些出版物中,他总是显得独一无二。作为一名教师,冯·卡门证明了他在自己的作品中所表现出的杰出。他的讲座是清晰的典范,他用自己的热情和研究方法激励了所有学生,使科学在许多方面获得了巨大的进步。

通过评审后的26篇论文完整刊出,航空工程师会对其中的以下内容感兴趣(这里的密立根就是航空专家):

---

① Theodore von Kármán. Anniversary Volume. Applied Mechanics. California Institute of Technology. 1941. *The Journal of the Royal Aeronautical Society*, 1942, 46(375), 87–88. doi:10.1017/S0368393100098503.

第五章　留学和归国

- 贝特曼（H. Bateman）：空气动力学中的一些定积分
- 马克斯·芒克（Max M. Munk）：关于流线型的几何学
- 西奥多·西奥多森（Theodore Thcodorscn）：无限流体中的冲量和动量
- 辛吉（J. L. Synge）和钱伟长（W. Z. Chien）：弹性壳和弹性板的内禀理论
- 铁木辛柯（S. Timoshenko）：拉杆的强迫振动
- 泰勒尔（Th. Trailer）：关于风洞尺寸对俯仰力矩影响的注释
- 纳戴（A. Nadai）：金属在各种应力条件下的蠕变
- 唐纳（L. H. Donnell）：在边缘力作用下由于板中的椭圆不连续性而产生的应力集中
- 哈斯·赖斯纳（Hars Reissner）：在规定边界之间周期性分布的润滑流
- 冯·米塞斯（R. V. Mises）：关于管内湍流运动规律的一些评论
- 沃尔夫冈·克伦佩罗（Wolfgang B. Klemperor）：压力模式的疯狂

由于版面有限，不可能说得比这更多。这本书中的所有文章都是由公认的专家撰写的，这本身就使得这本书不仅具有真正的价值，而且是对一位伟人的伟大致敬。

书评重点强调了航空工程师关注领域的文章。钱伟长和导师辛吉合作的论文在推荐之列，聚焦于板壳结构的内禀表示。但是，这篇书评没有介绍爱因斯坦和其他大家如数学家冯·诺依曼、柯朗等人的文章。爱因斯坦的理论物理大作"On the Five-dimensional Representation of Gravitation and Electricity"，是由爱因斯坦和巴格曼夫妇合作完成，尽管由于篇幅原因他们没有给出概念的详细解释和推导，此时同在普林斯顿大学的理论物理学家陶布在评论时认为里面的方程很难刻画对应的物理理论，但是仍然是爱因斯坦致力于统一场论的一篇重要论文。

半年后，钱伟长获得硕士学位，他的两位同学林家翘、郭永怀也同时毕业。两位同学都去了美国加州理工学院深造，那里也是周培源获得博士学位的母校。钱伟长则留下来继续跟着辛吉教授完成博士论文，继续深入研究弹性板壳问题，力图进一步总结规律和统一各种近似方法，特别要找到两人提出的微观方法与宏观方法之间的关联。钱伟长没有辜负导师的期望，在短短半年时间里就完成了导师布置的任务，提交了博士论文初稿。但是按多伦多大学当时的规定，博士生要修满两年后方可申请学位。1942年10月，钱伟长获得博士学位。辛吉教授对这位学生非常满意。经导师推荐，钱伟长的博士论文于1944年在美国布朗大学刚创刊不久的《应用数学季刊》(Quarterly of Applied Mathematics)上分三次连载发表。论文总标题为The Intrinsic Theory of Thin Shells and Plates, Part I (General Theory)1944年1月份刊载于第1卷第4期；Part II (Application to Thin Plates)4月份刊载于第2卷第1期；Part III (Application to Thin Shells)6月份刊载于第2卷第2期。回国后，他又进一步总结，把博士论文中关于宏微观方法联系的内容发表在1948年的《清华大学理科报告》上。辛吉教授的女儿，曾任柯朗数学科学研究所所长，也是美国数学会第53届会长的莫拉维茨(Cathleen Synge Morawctz)，2004年来访时谈起，她父亲一直记得他的这位杰出的学生[①]。

二、加州理工学院

钱伟长1942年博士毕业，这期间他的导师辛吉在加拿大、美国两边跑，1941年起辛吉就在美国布朗大学以访问教授的身份兼职，有时候甚至

[①] 戴世强：《钱伟长学术成就浅说（一）弹性板壳内禀理论》，科学网博客，2010年12月60，https://blog.sciencenet.cn/blog-330732-390709.html；钱伟长：《八十自述》，海天出版社1998年版。

每周都要到美国授课[①]。在导师的推荐下，钱伟长来到了加州理工学院加入冯·卡门团队工作。

冯·卡门是著名的科学家，是辛吉经常提到的人。现在他就站在身边，这对钱伟长来说是多么兴奋的事。冯·卡门与中国，特别是与清华大学有着两次缘分。1929年，受清华大学理学院院长叶企孙教授的邀请，冯·卡门首次访问清华大学。后一次是1937年，从欧洲经过苏联，再到达北平，访问清华大学航空工程系。这趟访问由他的好友，也是他推荐到清华大学任教的华敦德博士接待。7月6日，冯·卡门抵达北平，去清华大学看了当年他极力建议组建的航空工程系和那里的风洞。次日，卢沟桥事变爆发。冯·卡门离开的时候还不知晓这件事情，坐火车南下到了济南的时候，从报纸上才知道他们乘坐的是从北平发出开往上海的最后一班车。在南京完成了一系列的活动之后，搭乘飞机到九江附近的机场前往南昌。原本是南方之行后还要回到北平去的，形势的变化使得冯·卡门只能在上海等待别人将行李从北平送过来，7月23日离华去日本访问。在他口述的图书里，这位航空方面的权威专家在1963年去世前曾预言："我坚信，中国已经摆脱了许多技术发展的束缚，一旦解决了眼前的内政和外交问题，它的巨大科学潜力将会充分发挥出来。"[②]1937年，还是清华大学物理系研究生的钱伟长已闻冯·卡门的这趟访问，只是那时没有机会与他见面。

1943年，钱伟长在冯·卡门的指导下研究薄壁柱体的变扭率问题。他俩多次就一些问题的细节进行深入讨论，有时甚至到深夜。后来他们合作的成果发表在1946年的《航空科学杂志》[③]上。

"从1943年到1946年，主要从事火箭的空气动力学计算设计，火箭弹道计算研究，地球人造卫星的轨道计算研究等，也参加了火箭现场发射试

[①] Petros S. Florides. John Lighton Synge. *Biogr. Mems Fell. R. Soc.* 54, 401-424 (2008).
[②] 冯·卡门、李·埃德森著，曹开成译：《冯·卡门——航空航天时代的科学奇才》，复旦大学出版社2019年版。
[③] Theodore von Karman and Wei-zang Chien. Torsion with Variable Twist. *Journal of the Aeronautical Sciences*, 1946, Vol. 13(10).

验工作等。同时也在冯·卡门教授指导下完成了变扭率的扭转,和水轮机斜翼片的流动计算,以及超音速的锥流计算等重要的研究课题。这是我一生在科研工作方面比较多产的时期。"[1] 钱伟长一直在加州理工学院从事研究工作,直到1946年回国。这段时间,据不完全统计,除了前面提到的1946年《航空科学杂志》上的文章外,钱伟长与当地学者合作发表了如下成果:

一是与凡因斯坦(A. Weinstein)合作的论文《在张力固定下板的振动》[2]是钱伟长在多伦多大学时候的成果,因为这篇文章编辑部收到的日期是1942年12月11日,单位是多伦多大学。科朗(R. Courant)在评论该文的时候说"本论文的目的是计算均布张力下板的振动基频"。实际上,该文做得更深入,包括了更高的频率和板的其他形状。在凡因斯坦以前关于变分方法的其他理论出版物的基础上,给出了数值计算,特别是相当精确的下界。

二是与英菲尔德(L. Infeld)和史密斯(V. G. Smith)合作论文《与贝塞尔函数相关的几个级数》[3]。论文刊登的这个杂志几次改名,1948—1968年简称 *Journal of Mathematics and Physics*,1969年后改称为 *Studies in Applied Mathematics*。它是1921年由摩尔(Clarence Moore)在麻省理工学院办的,致力于促进数学和其他学科的交叉研究。这篇文章编辑部收到的日期是1946年4月26日,这个时候钱伟长已经在积极准备回国了,有意思的是三个作者所在的单位还是都标注为"多伦多大学",尽管钱伟长已经离开了多年。这里的英菲尔德是爱因斯坦的好友与合作者,1938年爱因斯坦推荐其从普林斯顿高等研究院到多伦多大学,也是通过钱伟长的导师辛吉介绍接受的。1950年,英菲尔德因为当时政治原因回到了自己

---

[1] 钱伟长:《八十自述》,海天出版社1998年版。

[2] A. Weinstein, W. Z. Chien. On the vibrations of a clamped plate under tension. *Quarterly of Applied Mathematics*, Vol. 1 (1943).

[3] L. Infeld, V. G. Smith, W Z Chien. On some series of Bessel functions. *Journal of Mathematics and Physics. Massachusetts Institute of Technology*, Vol. 26 (1947).

的祖国波兰。他还是一位科学评论家和作家,与爱因斯坦合著的《物理学的进化》享有盛名。

三是完成了与雷达波相关的论文,这篇文章是作为整个项目内容的一部分[1]。项目参与者有钱伟长、英菲尔德、辛吉等人,整体报告分为四部分:第一部分由英菲尔德、史蒂文森(Stevenson)和辛吉创作;第二部分由史蒂文森撰写,涉及任意横截面的指南,讨论了辐射电阻和电抗的计算;第三部分由钱伟长编写,计算各种形状的天线在假设电流分布(矩形和圆形波导)下的辐射电阻。第四部分由英菲尔德撰写,关于矩形波导中线性天线阻抗的一些显式计算[附录的撰写由庞德尔(Pounder)和史蒂文森完成]。有意思的是,这篇文章编辑部是在1948年10月29日收到、1949年刊出的。特地注明钱伟长"原单位为多伦多大学(Formerly of the University of Toronto)",而辛吉这时的工作单位已经是他家乡爱尔兰都柏林高等研究院了,其他人还是多伦多大学数学系(而不是应用数学系)。这样看来,这篇文章应该是当初他们在多伦多一起讨论的内容的一部分。还有就是指出国家研究委员会菲尔德站(The Field Station of the National Research Council)的资助,也就是说这个项目和军方有关,是二战时期与雷达波相关的项目。1949年保密期应该已经结束了。钱伟长的《八十自述》[2]中也专门提到这件事情,在多伦多大学留学期间,参加了加拿大国家研究院应用数学特别委员会关于雷达的波导管内各种天线的电阻电抗研究。

---

[1] W. Z. Chien, L. Infeld, J R Pounder, A. F. Stevenson, J. L. Synge. Contributions to the theory of wave guides. *Canadian J. Research* Sect, A 27 (1949).
[2] 钱伟长:《八十自述》,海天出版社1998年版。

第二节　归国服务

从1940年起,钱伟长在北美已经生活了将近六个年头。得知日本投降后,钱伟长很是兴奋,心中想念着如何尽早返回祖国,想念着在国内的亲人,还有那未曾谋面的儿子。国内的形势渐渐平静下来,原来搬迁到内地的学校也在陆陆续续返回原地。清华大学也在积极筹备返回北平。

1946年,钱伟长搭乘中美通航后的第一班轮船"海猫"号,5月从旧金山启程返回中国。同船回国的,还有钱伟长的好朋友孟庆基(孟少农)[①],这位是后来中国汽车界的风云人物。孟少农(1915—1988),湖南桃源人。1935年考入清华大学,1940年从西南联大考取留美公费生,1941年到麻省理工学院机械系学习,1943年获硕士学位后进入福特等美国公司工作。回国后一直致力于推动我国汽车工业发展,1980年当选中国科学院技术科学部学部委员(院士)。

钱伟长经过20多天的航行后抵达上海,一上岸就目睹了上海的喧闹

---

① 孟艾芳主编,王华梅、刘碧田编著:《科技发展与创新成就》,山西教育出版社2013年版。

混乱。他心里牵挂老家的亲人,急如星火地赶回无锡荡口镇,看望久已失去音信的老家的人们。祖母已于四年前去世,幸好母亲健在,他稍得安心,但乡村凋敝破落,生活仍很困苦。

7月初,他因已应聘为清华大学工学院机械系教授,又急忙赶赴北平,回到阔别已久的清华园。昔日幽静美丽的校园,如今备经摧残,满目疮痍,荒草萋萋,多数建筑都已"四壁皆空"。钱伟长积极投入复校工作。9月,妻子携儿子从重庆到来,久别重相聚,虽是一番凄苦,校园工作条件简陋,好在妻子和孩子都来到了北平,家人团聚,给钱伟长带来了很大的快乐①。

一、不懈追求科学真理

随着国民党破坏和平谈判成果,内战爆发,国统区物价飞涨。1947年,美国方面有人捎信给钱伟长,希望他能够回到美国去工作,尽管当时的环境极为困难,钱伟长还是选择留在国内。钱伟长眼见国民党官员的腐败现象猖獗,便把国家的前途和希望寄托在共产党身上,期待着黎明。钱伟长结识了共产党员袁泰(袁柏云)等同志,经常在历史系教授吴晗家聚会,秘密收听解放区的广播。他们支持学生的爱国运动,积极参加反饥饿反内战的斗争,并发动教授们在宣言上签名。当时在学校里,他和张奚若、朱自清、吴晗、费孝通、孟少农诸位,都是受学生欢迎的民主教授②,孟少农是由他夫人于陆琳发展成为中共党员的,而她自己则是由姐姐于若木(陈云夫人)引导入党。1946年全面内战爆发后,根据组织安排,于陆琳来到北平专门做清华大学、燕京大学两校高层知识分子工作,从而结识了孟少农。这个时候的孟少农刚从美国回来,对当时国内的政局很感失望,从于陆琳那里听到了闻所未闻的革命道理,思想豁然开朗。于陆琳也经

---

① 钱伟长:《钱伟长文选》,浙江科学技术出版社1992年版。
② 钱伟长:《八十自述》,海天出版社1998年版;苏双碧:《苏双碧史学论文集》,海峡文艺出版社1996年版。

常与其他的教授联络,如吴晗、钱伟长、张奚若等,让他们更多地了解共产党的方针政策,从而成为支持共产党的力量。

钱伟长通过在燕京大学、北京大学兼课来勉强维持生活度日,同时还不忘记进行科学研究。他在国内也发表了一系列重要的研究成果,涉及的领域有渐进方法、板壳结构等。例如刊登在《清华大学工程学报》的《超音速之对称圆锥型流动的渐近解法》[1],研究Kármám-Moore氏之线性近似解法,在一切超音速之流体力学内是否可靠正确。该文推论超音速之流体力学,迄至二次、三次、四次之渐近答数,并证明在对称圆锥形流动现象中,二氏之直线近似解法,但是结果仅适用于圆锥角极小之范围内。在与何水清合作的后续论文《带旋转对称载荷弹性环薄壳问题的渐近解法》,拓展了这方面的研究[2]。

均匀分布压力下圆板的结构分析方面的两篇论文分别于1947年[3]和1948年[4]发表在《清华大学科学报告》上。还有关于板壳的一些基础理论也分别发表在《清华大学科学报告》[5]《清华大学工程学报》[6]《中国物理学报》[7]上。

---

[1] Wei-zang Chien. Symmetrical Conical Flow at Supersonic speed by Perturbation Method. *The Engineering Reports of National Tsinghua University*, 3(1)(1947).

[2] Wei-zang Chien and Shui-tsing Ho(何水清). Asymptotic Method on the Problems of Thin Elastic Ring Shell with Rotational Symmetrical Load. *Engineering Reports of National Tsinghua University*, 3(2)(1948).

[3] Wei-zang Chien. Large Deflectoin of a Circular Clamped Plate Under Uniform Pressure. *Chinese Journal of Physics*, 7(2)(1947).

[4] Wei-zang Chien. Asymptotic Behavior of a Thin Clamped Circular Plate Under Uniform Normal Pressure at Very Large Deflection. *The Science Reports of National Tsinghua University*, 5(1)(1948).

[5] Wei-zang Chien. Derivation of the Equations of Equilibrium of an Elastic shell from the General Theory of Elasticity. *The Science Reports of National Tsinghua University*, A 5(2)(1948).

[6] Wei-zang Chien. The true Leaving Angle for Diaphragm and Bucket Wheel with Curved Guides at the Discharge End. *The Engineering Reports of National Tsinghua University*, 4(1)(1948).

[7] Wei-zang Chien. Hydrodynamic Theory of Lubrication for Plate Sliders of Finite Width. *Chinese Journal of Physics*, 7(3)(1949).

1948年9月钱伟长位列《清华大学工程学报》编委名单,还有陈新民、梁思成、孟庆基等同列,刘仙洲为主任。

除了这些专业方面的论文外,钱伟长还持续参与公众科普活动,撰写科普文章等①,向人们普及一些深奥的科学理论。1946年刚回来不久,就参加8月25日在中国科学社的演讲,介绍火箭炮②。钱伟长从我国古代的"炮仗"说起,介绍现代火箭的基本结构,包括火箭的形状样子、基本构件以及火箭燃料等,从自己在美国参与相关项目的经历给听众介绍了火箭的基本知识。再如他的关于原子能的思考,更是站在全人类的高度,阐述了作为科学工作者的世界观和科学观。

钱伟长在发表于1948年初的一篇文章中说:"六年以来,我们曾经参加这研究工作的人迫切地感觉到有对大家申述的必要:第一,可以说是表示科学工作者对于旧世界旧势力的反抗。近年来旧的势力时时想控制科学的发展,压制科学自由的精神。第二,旧的势力更想利用科学的成果而将责任推在别人身上。这是我们所要提出严重抗议的。"③钱伟长认为,对原子科学的研究要有科学家的自由,也就是对原子能的研究也是科学家自由探索的一部分。研究成果属于全人类共享,而不能被少数人垄断,要勇于服务全人类。

二、爱国情怀和育人使命

内战时期的困难,挡不住钱伟长爱国的行动和为国家育人的理想。他当年参加学生运动的初衷不改,也希望年轻学子更加奋发,努力担当社会和国家的责任。

著名力学家叶开沅当年是钱伟长的研究生,他是这样回忆钱伟长的:"钱伟长先生在清华解放之前,有两项驰名的事:一是在业务上,无

---

① 钱伟长:《科学工作者对于原子能的态度》,载《科学时代》1948年第3期。
② 钱伟长:《火箭炮及其他》,载《工程界》1946年10月号(在中国科学社的演讲稿)。
③ 钱伟长:《科学工作者对于原子能的态度》,载《科学时代》1948年第3期。

论讲课或科研均是突出的;另外是,与吴晗、费孝通教授是驰名的民主教授,如响应朱自清教授提出的,不接受美援的救济粮,这标志着中华民族的正气。"①

(一)抗议美军驻华暴行,反对美国扶植日本复辟

钱伟长年轻的时候积极参加一二·九等爱国学生运动,成为清华大学教授后,也仍然保持着这份激情。1947年初,为抗议美军驻华暴行,北平几所大学的学生成立北平学联等学生组织,开展各种形式的反对美国暴行的活动。2月17日,北平当局以各种理由和借口,逮捕大量市民,也有清华大学、中国大学等学校的学生在内。学校师生更加义愤填膺,组织各种形式的宣传宣讲,声讨当局的错误行为。2月22—26日,钱伟长和北平的各界人士,特别是北京大学、清华大学、燕京大学、北平师范学院等大学的教授一道,发布联名宣言,要求国民党当局保障人权,释放被捕者。参与联名的教授除了钱伟长外,还有朱自清、俞平伯、陈寅恪、赵紫宸、翁独健、雷洁琼等。由于广大师生的强烈抗议,北平当局被迫释放被捕学生②。

到了战后的1948年,国际社会都在思考如何避免新的一场像一战、二战那样的浩劫。可是美国作为进驻日本的占领者,为了争霸世界、控制中国,无视中国和东南亚二战受害国家人民的愿望,违反国际协议,采取了扶植日本军国主义的反动政策。为了遏制美国的企图,国内青年学生和知识分子积极参与抗议活动,如6月5日发表的《美助日军抬头,大学教授181人联名严重抗议》,6月7日的《抗议美扶日,七一院校学生自治会向司徒雷登大师提抗议》等。6月8日,北平各大学教师400余人,发函给司徒雷登大使表达抗议。回想当年九一八的时候,钱伟长愤而舍文学理,抱着一片为振兴祖国而学习的理想,决心学习"制造飞机大炮"。面对美国扶植日本的企图,钱伟长参与抗议,并在《北平各大学教师四三七

---

① 方明伦主编:《钱伟长教授九十华诞纪念文集》,上海大学出版社2003年版。
② 北京高等教育志编纂委员会编:《北京高等教育志(下)》,华艺出版社2004年版。

人为反对美国扶日至司徒雷登大使书》上署名,表达自己坚定的抗议意志[①]。声明称:

> 贵国政府违反波茨坦协议,极尽扶植日本军国主义之能事,事实昭昭在目,而阁下竟妄谓"余以为无任何人能提出日本军力之任何部分,现正予以恢复之证据",天地间之事实,决非谎言所可匿藏。阁下身为贵国大使,较吾人当更洞悉贵国政府之阴谋行动,竟然如此撒谎欺骗,岂不"损害"阁下之"地位与名誉"?

申明列举了美国政府恶意扶植日本恢复军国主义之事实,有如下几个方面:一是扶植日本以警察的名义,人数从原来的6.1万人增招到30万人,并且进行军事正规训练,意图培养起来成为陆军。二是海军方面,交还驱逐潜水舰等28艘,允其设立"海上保安厅";统辖巡视舰38艘,以后扩充至135艘,更允其拥有扫雷艇100艘,其最大军港佐世保、横领贺及吴港非但未予拆除,且正按美国设备积极扩充。三是空军方面,保留其各地飞机场与防空设备,以及中岛飞机制造厂45所,更于青森增辟"强大空军基地",复运往日之神风队飞行员赴美训练。四是更为恶劣的政治方面,保留战争罪魁天皇,姑息战争要犯,释放法西斯领袖陆军大将真崎甚三郎,前台湾总督海军大将小林跻造及飞机大王中岛、知久平等要犯数十名,侵华陆军总司令冈村宁次、侵华海军总司令川清以及其他万千战犯。还有,在经济方面准许日本不断提高钢产量,以利于其随时恢复军工业。

这场反美扶日运动,沉重地打击了美帝国主义和国民党反动派,提高了民族自尊心,让中国人民特别是广大爱国知识分子真正看清了美帝国主义的真实面目。

清华大学还有像朱自清教授这样的中国知识分子的光辉典范。当

[①] 孟宪章编:《中国反美扶日运动斗争史》,中华书局1951年版。

吴晗请朱自清在《抗议美国扶日政策并拒绝领取美援面粉宣言》上签名时,朱自清立即毫不犹豫地签了名。宣言说:"为反对美国政府的扶日政策,为抗议上海美国总领事卡宝德和美国驻华大使司徒雷登对中国人民的污蔑和侮辱,为表示中国人民的尊严和气节,我们断然拒绝美国具有收买灵魂性质的一切施舍物资,无论是购买的或给予的。"他们拒绝购买美援平价面粉,一致退还配给证。当时朱自清身患重病,家中生活拮据。因物价飞涨,所发薪水只能买三袋多面粉,每天要吃两顿粗粮方能勉强维持下去,但他断然拒绝侮辱性的施舍,他在日记中写道:"此事每月须损600万法币,影响家中甚大。但仍决定签名。因余等既反美扶日,自应直接由己身做起。"一个多月后,他就住进了医院。在临终前,他还嘱附夫人:"有件事要记住:我是在拒绝美援面粉的文件上签过名的,我们家以后不要买国民党配给的美国面粉!"①

一年后的1949年,毛泽东在《别了,司徒雷登》一文中特别指出:"我们中国人是有骨气的。许多曾经是自由主义者或民主个人主义者的人们,在美帝国主义者及其走狗国民党反动派面前站起来了。闻一多拍案而起,横眉怒对国民党的手枪,宁可倒下去,不愿屈服。朱自清一身重病,宁可饿死,不领美国的'救济粮'……我们应当写闻一多颂,写朱自清颂,他们表现了我们民族的英雄气概。"②

(二)反饥饿反内战

钱伟长回到祖国差不多一年时间里,目睹了国统区的混乱情况。国民党忙着打内战,物价飞涨。"1947年夏起,有一部分工资以小米抵现款后,还能勉强保证主食,但冬季长女开来出生,母奶不足,要订牛奶,买奶粉哺育,就一无办法,只好向单身同事、老同学如彭桓武、黄敦、何永清等

---

① 胡庆云:《解放战争时期的第二条战线》,国防大学出版社2000年版;陆祖德:《朱自清先生的生平事迹》,载《文史资料选编》第6辑,北京出版社1980年版。
② 《毛泽东选集》第4卷,人民出版社1991年版。

告贷度日。"①

这正是当年国统区的情况,国立大学都是这般,可见一般百姓生活之艰难。北平师生饱受饥饿的威胁。在上海,1947年5月初,交通大学等学校师生就向政府要求增加经费,相继爆发了"反饥饿反内战"和"提高教育经费,增加公费,抢救教育危机"的示威、宣传。5月14日,清华大学校长梅贻琦主持,举行平津国立院校长谈话会,决议"电请教育部将各院校经常费最低限度增加六倍发给";相应提高教职员工薪酬、学生公费等。16日,清华大学学生致电中央大学学生自治会,表达同情并决定罢课三天。钱伟长等清华大学81位教授发表公开信,同情学生罢课。事态迅速向全国扩展,形成以"反饥饿、反内战、反压迫"为口号的抗议运动,也即五二〇学生爱国运动②。

后来,在北京教育界中共地下组织协助下。钱伟长与陈新民、屠守锷等几位进步教授一起组织读书会,通过学习毛泽东《新民主主义论》等著作,进一步认识到中国共产党身上寄托着中国的希望和未来。中国的希望在共产党这里,只有共产党能够带领人民完成国家统一,让老百姓过上好日子。

(三)对青年学子充满期待

钱伟长一方面通过课程教学巩固学生基础理论知识,一方面积极和学生交流思想。他是学生心目中造诣深厚、颇有声望的大教授,深受学生喜爱。

他自己也愿意和学生面对面交流。1947年3月18日,钱伟长受邀做报告③。在报告中钱伟长讲了四个重要的历史事件,即九一八事变、一二·九运动、西安事变和卢沟桥事变,特别聚焦于当时的学生会在事件中的作用。钱伟长通过清华大学的学生组织功能的演化,以自己的亲身经历讲述了学生会组织也应该着眼于国家、民族的命运,希望广大青年学

---

① 钱伟长:《八十自述》,海天出版社1998年版。
② 金冲及:《第二条战线》,生活·读书·新知三联书店2016年版。
③ 钱伟长:《战前清华学生生活》,载《清华周刊》1947年3月23日。

子将自己的理想与国家和民族的前途命运相结合。

清华大学电机系的1947级是很有名气的,这一届电机系学生中,后来出现一位总理(朱镕基)、四位院士(金怡濂、张履谦、王众托、陆建勋)。从当年学生的回忆中,可以看出他们对钱伟长和他的课程评价甚高。1947年,金怡濂从天津耀华学校毕业后首选了清华大学电机系就读。"我对清华教育印象最深的是对基础课的重视。那时,闵乃大、钱伟长、孟昭英等颇有造诣和声望的大教授教我们,学校重视基础课的程度可见一斑。当时是选课制,学生上课也比较自由,有时我们除上本班课以外,还去听其他的课。"金怡濂说,有些教授上课时只带两支粉笔,却可以流畅地讲上几个小时,他听得如痴如醉。大二的工程力学共开两班,分别由张维和钱伟长教授讲授,每周考一次。教授们特别强调"基本概念"的理解。名教授们讲课深入浅出,生动形象,金怡濂感到很"过瘾",听后受益很大。虽然当时用的教材并不太深,但师生互动,学生学得比较"透",加之学校严把考试关,不及格要重修。因此,学生的知识基础、思维能力、创新能力得到了很好的培养。

中国工程院院士、雷达与电子技术专家张履谦回忆,他聆听过多位名师授课,除了周培源、叶企孙、王竹溪、孟昭英、常迥和章名涛的拿手课程外,就是"钱伟长先生的'工程力学'了"。名师大家的讲授,为张履谦后来几十年的工作打下了坚实的理论基础,使他终身受益。

1997年,钱伟长获何梁何利基金科学与技术成就奖,他的学生、时任国务院副总理朱镕基为他颁奖。朱镕基非常自豪,他在颁奖大会讲话中说,"我的老师钱伟长先生,他就是我在清华大学念书时候的老师。我今天给老师颁奖,您永远是我的老师"[1]。

---

[1] 何平、柳方园、袁梦令主编:《中国高层新智囊:影响中国进程的精英传记(第2卷)》,党史研究出版社2007年版;国家科学技术奖励工作办公室编著:《信念创新奉献——国家最高科学技术奖获奖者风采》,科学技术文献出版社2015年版;段瑞春主编、何梁何利基金评选委员会编:《何梁何利基金纪念文集(1994—2004)》,中国科学技术出版社2004年版。

第三节　迎接新中国

一、迎接北平和平解放

漫漫长夜总有尽头。1948年12月,中国人民解放军逼近北平,钱伟长满怀喜悦,迎接黎明。

党中央的方针是争取北平这个古都能够和平解放,通过各种力量和渠道做工作。钱伟长的岳父、老同盟会员孔繁霱受华东军区委托,给予积极支持,随即动身北上参加动员傅作义起义的工作。同时,在党的地下组织领导下,钱伟长也积极参加护校斗争,与陈岱孙、周培源、屠守锷、樊恭恎、吴征镒、袁方等同志一起参加了护校委员会的工作,每天值夜守卫、巡逻,动员师生保卫学校。12月13日上午,炮声隆隆,解放军绕过清华园北墙根,追击向北平城溃退的国民党败兵,流弹落进了清华园,一时人心惶惶。党的地下组织为了稳定人心,特地让钱伟长上一个上午的材料力学课,后钱伟长改变原计划,改授"射击弹道的计算"。据目击当时情景的张敦恕说,钱伟长当时真正做到了临危不惧,在重炮轰击下镇定自若,精神振奋地讲他的课,师生们为之感动。

14日,大量国民党士兵撤走出城。清华师生联合起来组成巡防委员会负责全校防卫工作,钱伟长、张维等作为教授参加,还有讲师和助教中的党员、(民盟)盟员何东昌、许京骐、蔡公期、樊恭然、解沛基等参加了巡防委员会。教职员支部推出屠守锷、董寿莘、解沛基三人负责;在教授中选出机械系李辑祥任主任,钱伟长任副主任。各系分工负责防卫各系馆,并组成警卫小组、联络小组、事务小组,轮流巡守负责地段。

随着新保安、张家口和天津等地被解放,对傅作义的思想工作也取得了进展。傅作义在万分沮丧之余逐渐冷静下来,认清只有一条出路,就是和谈起义,但是还有重重顾虑,怕像当俘虏一样丢面子,还有如何改编全部军队、自己的财产能否保全、家属在重庆是否安全等等。孔繁霱对傅作义一再推心置腹,晓以大义。这时策反工作已进入最后阶段。12月24日,钱伟长骑自行车经石景山到良乡,同行的是清华大学航空系教师董寿莘,他们找到解放军总部,汇报孔繁霱的工作情况,受到叶剑英、张宗麟、钱俊瑞几位领导的亲切接待。这期间,来来回回几趟,以至于小女儿出生的时候钱伟长都不在夫人身边。晚上推开家门,听到一阵阵婴儿啼哭声,才知是小女儿降生了。孩子的母亲容光焕发,让他给婴儿起名字,他听着校园里歌唱解放的歌声、鼓乐声,喜形于色:"歌唱解放,对,就叫'歌放'吧!"

1949年1月31日,北平宣告和平解放。随后2月3日举行隆重的解放军入城式,人群涌动夹道欢呼,钱伟长也为迎接解放军入城欢欣鼓舞。等到北京城郊交通恢复畅通,钱伟长迎来岳父孔繁霱到清华园家中短住休息。在春节后,孔繁霱仍回到济南。当时中央邀请其参加第一届全国政治协商会议,共商国是,孔繁霱心情非常激动,自认为不过为和平解放北平尽了一份力,竟受此殊荣,实不敢求得名利,愿留居故乡[①]。

北平解放后,各高校纷纷建立校务组织以保证学校的运行。钱伟

---

① 崔霆钧:《孔繁霱参与策反傅作义起义史实》,载《文史月刊》2005年12期;徐康编著:《青春永在——1946—1948北平学生运动风云录》,北京出版社2004年版;孔祥瑛:《为北平和平解放奔波的孔繁霱》,载《纵横》1999年第6期。

第五章　留学和归国

长入选清华大学校务委员会常委(图5-1)。清华大学校务委员会具体名单如下[①]：叶企孙(常委兼主席)、陈岱荪(孙)(常委)、张奚若(常委)、吴晗(常委)、钱伟长(常委)、周培源(常委)、费孝通(常委)、陈新民、李广田、施嘉炀、汤佩松、冯友兰、戴芳澜、刘仙洲、屠守锷、潘光旦、张子高，讲助教代表二人(中一人为常委)，学生代表二人(中一人为常委)，共21人。教务长周培源，秘书长陈新民，文学院院长冯友兰，理学院院长叶企孙，法学院院长陈岱孙，工学院院长施嘉炀，农学院院长汤佩松，图书馆馆长潘光旦。

图5-1　1949年清华大学校务委员会成立文件[②]

[①]《平市北大清华师大三校新校务委员会成立　各校行政负责人亦同时发表》，载《人民日报》1949年5月6日。
[②] 顾良飞主编：《清华大学档案精品集》，清华大学出版社2011年版。

193

二、参加开国大典天安门广场庆祝活动

1949年10月1日,这个令所有中国人铭记的日子,钱伟长和其他清华师生一道,现场见证了在天安门广场举行的开国大典。

在清华大学校史研究文章[①]中有这样的记述:

为参加10月1日在天安门前举行的开国大典,清华大学师生好几天前就着手准备。9月27日全校大会上,钱伟长向大家提出了要求,包括如何绑扎五角星灯笼,穿什么样的衣服等。具体的要求男生着深色上衣、浅色裤子,一定要有仪式感。为了走好方阵,同学们还在体育馆前操场进行了演练。

10月1日,钱伟长和他的清华大学同事、学生同全国人民一道,沉浸在欢庆新中国成立的无比喜悦之中。凌晨3时左右,2 000多名师生搭乘一列20多节敞篷车厢的火车,浩浩荡荡地从清华园出发,前往天安门广场参加开国大典。下车后,钱伟长曾经的体育老师马约翰等领队走在前面,接着是军乐队,然后是各院系的队伍。队伍横排两侧每人手提一盏五角星红灯笼。队伍来到东单广场集合,听候大会指挥调动。午餐每人自带干粮:馒头和咸菜。午后清华大学队伍被带到天安门广场,大家席地而坐。

下午2时,中央人民政府委员会第一次会议在北京召开,中央人民政府委员会主席、副主席、委员全体出席并宣布就职,宣告中华人民共和国中央人民政府成立。下午3时,首都30万人聚集在天安门广场,隆重举行开国大典。当毛泽东主席宣布中央人民政府成立了,全场欢声雷动。钱伟长的心里激动万分,不禁想起18年前的那个懵懂少年,来到北平,追求国家强盛的道路。回想自己1935年3月3日在毕业册上的话,"我在热烈地希望来振兴这个喘残的民族",百感交集。现如今,新中国诞生,钱伟长有了更大的施展空间。

---

① 1951届化学系清华校友何其盛的回忆文章《开国大典前后的清华园》,载清华校友总会编:《校友文稿资料选编(第6辑)》,清华大学出版社2000年版。

第五章 留学和归国

稍晚,毛主席检阅学生队伍。根据《人民日报》报道[①]:

> 天安门四周焰火升起,满天彩星飞迸,遍地火龙翻滚,提灯游行开始,北京的学生们排成了一队队白色的,蓝色的,黑色的密集队形,高歌着他们的战斗歌曲"团结就是力量",挺胸齐步前进,年轻的声音清脆地高呼着"毛主席万岁!"激起了主席台上一阵阵的掌声。这时,蓦然一声洪亮坚毅的声音在高空中回旋:"青年同志们万岁!"学生们听到了这是毛主席的声音,千万颗心顿时感奋激动起来,立即整顿队伍,三十个人横成一排,大纵队行进走过主席台前向毛主席致敬,让毛主席来检阅一下北京学生的队伍:只见贝满女中一丈二尺高的红纱扎的大红星,电灯泡在上面闪闪发亮;慕贞女中一色白衣白裤白鞋,纯白色的队伍中的红灯笼分外鲜艳;清华大学的化工系扎了一所化工厂和一座大锅炉,上面写着"发展重工业"来表示他们的志愿;航空系扎了一座大飞机,上面写着"巩固国防",机械系做的坦克模型和真的一样,里面还坐着一个学生扮成的坦克手……这是一支为着今天和明天的幸福而歌唱毛主席的队伍,毛主席在扩音器里吩咐着把水银灯打亮了,他仔细地在看着这年轻的幸福的一代的行列,并不时在学生们继续不断的"毛主席万岁"的欢呼中回答着"同志们万岁","万岁"!

参加开国大典后,师生回到清华已经是凌晨3点了。10月3日在体育馆前的大操场,陈毅来校演讲,吴晗、叶企孙等陪同,陈毅还参观了清华大学校园。环视周围熟悉的景色和建筑,陈毅回想起1926年3月,那是孙中山去世一周年的时候,清华大学进步学生举行纪念会,邀请李大钊和他自己来校演讲。当年陈毅演讲的是苏俄和平等,今天讲的是大团结问题[②]。

---

① 金凤:《毛主席检阅学生的队伍》,载《人民日报》1949年10月2日。
② 清华校友总会编:《校友文稿资料选编(第6辑)》,清华大学出版社2000年版。

第四节　全身心投入社会主义建设事业

新中国成立了,一切都是新气象。这个时候正是钱伟长这一代知识分子大展宏图的时代,他们全身心投入社会主义建设事业,力争早日实现心中的理想,盼望国家早日强大富裕起来。

这段时间,钱伟长除了在清华大学任教,担任清华大学教务长等职务外,还兼任北京大学教授,不断为国家各项事业而努力奋斗。

1951年,钱伟长着手在中国科学院数学研究所建立了力学研究室,后来的力学研究所就是在力学研究室基础上创建的[①]。

1950年6月7日,数学研究所筹备处成立。1952年7月1日,筹备处撤销,数学研究所正式成立。1953年,第一个五年计划开始实施,中国科学院的研究工作开始有计划地进行,研究工作开始走向正轨并逐步发展起来。根据国家需要,有些部门从无到有地建立起来,数学研究所正式设立力学研究室,12月12日,中国科学院郭沫若院长聘请钱伟长为力学研究室

---

① 孔捧端:《中国科学院力学研究所的创建过程》,载《应用数学与力学》2017年第10期。

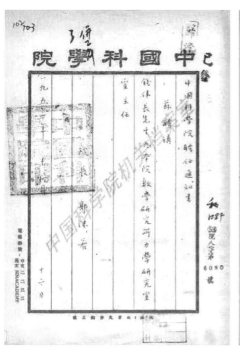
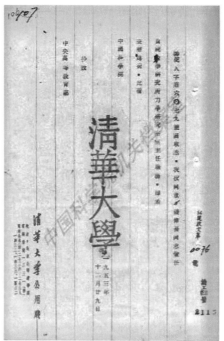

主任(图5-2),研究室成员共五人:钱伟长、胡海昌、林鸿荪、何善堉、蔡树棠。

钱伟长积极参与力学学科人才培养。1953年冬,力学研究室联合北京大学、清华大学、北京矿业学院、北京钢铁学院、北京航空学院、北京石油学院、铁道部铁道研究所等的力学工作者,举行了一系列科学报告会。这些报告会的中心主题是圆薄板的大挠度问题,该主题在造船、化工设计、仪器制造等方面有着实际应用价值。1954年,报告会的内容被整理成了一个专辑——《弹性圆薄板大挠度问题》,由中国科学院出版。该专辑扉页记载其为"力学问题论集第一辑""中国科学院数学研究所力学研究室力学讨论会报告汇编"。

中国科学院十五年发展远景计划纲要规定:第一个五年计划成立力学研究室,第二个五年计划成立力学

图5-2 1953年12月12日,中国科学院郭沫若院长签署的钱伟长担任力学研究室主任聘任通知书(左),29日清华大学复函并同意任命(右)

研究所。第一个五年计划规定：在1955年，以目前数学研究所力学研究室为基础，与北京大学、清华大学合作建立力学研究所筹备处（设北京）。1955年10月，钱学森回国，与钱伟长等一起组织开展力学研究所的筹建工作。1956年1月16日，陈毅副总理在中国科学院"关于成立力学研究所的报告"上批示"同意"，力学研究所正式成立。钱学森和钱伟长分任正、副所长。

一、出任全国青联副秘书长

早在1949年5月，钱伟长就参加了中华全国民主青年联合总会（全国青联）全国委员会第一次会议，会上选举出廖承志、钱俊瑞、谢雪红、钱三强、沙千里、吴晗、萨空了、沈志远、陈家康、何礼、董昕、谢邦定、区棠亮、梅龚彬、刘善本、李伯球、千家驹、钱伟长、傅钟、陈敬谦、张学思、柳湜、沈体兰、吴耀宗、李汇川等25人为常务委员会委员；廖承志任正主席，钱俊瑞、谢雪红、钱三强、沙千里等任副主席。

谢雪红（1901—1970），又名谢飞英，台湾彰化人。早年参加台湾进步团体文化协会。1925年，就读于上海大学，加入中国共产党，参加五卅运动。同年，被派往苏联莫斯科东方大学学习[①]。

1952年，钱伟长出任副秘书长[②]。

二、积极参加规划我国科学技术发展蓝图

1949年10月1日，钱伟长发表文章介绍当代中国的物理学[③]。该文作为中国物理学会理事会和出席中华全国第一次科学工作者代表大会筹备会的物理学工作者的共同意见，经钱伟长整理后曾由吴有训在中华全国

---

① 陶人观主编、《中国民主党派上海市地方组织志》编纂委员会编：《中国民主党派上海市地方组织志》，上海社会科学院出版社1998年版。
② 《全国青联举行常委会 定明春开全国青年第二次代表大会》，载《人民日报》1952年11月24日。
③ 钱伟长：《中国的物理学》，载《科学大众》1949年第3期。

教育工作者代表会议筹备会议上做报告。

该文介绍了50年来的中国物理学,特别是1932年中国物理学会在北平成立以后的一些工作。物理学方面的人才情况,从学会成立时期的70多人,到1949年的会员有570人,十多年增加了七倍。这中间还深受日军侵华的影响。这个发展经历,也体现了当时的物理学家们在艰苦环境下,克服种种困难,为中国物理学的不断发展奠定了一定基础。"虽然如此,过去的中国物理学却没有达到它所应该有的壮大力量,没有发展成一种广泛的、有系统的活动,它始终没有和人民的生活联系在一起,并没有与工业生产结合起来。"最后,该文认为,要实现目标,需要解决两方面问题:"一方面需要大量的初等、中等、高等的学校,和培植大量的教师;另一方面需要提高生产,发掘新的生产力、生产手段。为了这些新的需要,科学机关和实验室就必须要大量地建立和装备起来。物理科学工作者们全心全意向其他各姊妹科学门类的工作者要求合作,以便携手向前迈进。"

三、支持抗美援朝

1950年6月25日,朝鲜内战爆发。27日,美国公开宣布对朝鲜进行武装干涉,并令海军第七舰队侵入台湾海峡,侵占中国领土。8月,美国空军飞机开始侵入中国领空并进行轰炸扫射。10月,美军越过"三八线"进犯中朝边境。当月,中共中央应朝鲜请求派志愿军赴朝鲜战场,抗美援朝战争由此拉开序幕。

在这样的背景下,11月4日,中国共产党、中国国民党革命委员会、中国民主同盟、民主建国会、政协无党派人士、中国民主促进会等11个党派和团体发布《各民主党派联合宣言》[①]。宣言指出"以美国为首的帝国主义者侵略朝鲜的行动正在严重地威胁着中国的安全",呼吁世界上爱好

[①]《各民主党派联合宣言 誓以全力拥护全国人民的正义要求,拥护全国人民在志愿基础上为着抗美援朝保家卫国的神圣任务而奋斗》,载《人民日报》1950年11月5日。

和平的人民用积极行动抵抗美帝国主义的侵略暴行,重申和平解决朝鲜问题和帝国主义侵略者从朝鲜撤军的主张。宣言郑重声明"全中国人民早已集中注视美国侵略者在朝鲜的行动以及在中国领土领空领海上的行动""全国人民现已广泛地热烈地要求用志愿的行动为着抗美援朝保家卫国的神圣任务而奋斗""中国各民主党派誓以全力拥护全国人民的正义要求,拥护全国人民在志愿基础上为着抗美援朝保家卫国的神圣任务而奋斗"。该宣言对推动抗美援朝运动的深入发展起了积极作用。

包括钱伟长在内的清华大学等校院教职员工也分别发表宣言,坚决拥护各民主党派联合宣言,尽最大努力为抗美援朝保家卫国的神圣任务奋斗到底。钱伟长等清华大学教员署名的宣言指出:"我们是万分热爱和平的民族,今天我们的国家更迫切需要在和平中从事建设。但是美帝国主义不让我们得到和平,疯狂地发动战争,如果我们苟安退让,不在此时加以制止,中国人民和世界人民将永远没有太平的日子。美帝国主义不但不顾中国人民的屡次抗议和警告,并以为我们可欺,一步一步逼来。中国人民除了坚决用积极行动制止暴行外,没有其他的道路可走。""我们坚决支持各民主党派的宣言,这个宣言充分地表达了我们中国人民的决心与意志。我们愿尽最大努力为抗美援朝保家卫国的神圣任务而奋斗!"①

11月8日,中国人民保卫世界和平反对美国侵略委员会北京市分会在中山公园中山堂举行成立大会。出席人员有北京市各民主党派、人民团体以及工人、学生等代表共约700人。钱伟长参加了这次成立大会。会上师生代表纷纷发言,表示我们是诚心诚意要保卫世界和平,但我们需要的是真正的民主自由的和平,不是无条件的和平,不是让别人骑在我们头上我们也都不敢反抗的奴隶的和平。我们中国人民已经站立起来了,站起来的中国人民是不需要这种"和平"的。"人不犯我,我不犯人"。

---

① 《清华大学等校院教职员工分别发表宣言 坚决拥护各民主党派联合宣言 尽最大努力为抗美援朝保家卫国的神圣任务奋斗到底》,载《人民日报》1950年11月7日。

北京市分会成立大会通过《拥护各民主党派联合宣言的决议》,全文如下:

> 美帝国主义者正袭用着当年日寇侵略中国的故伎,不顾中国人民屡次的严正抗议和警告,把侵略朝鲜战争的火焰扩大到中国边境,严重地威胁着我国的安全。全国人民现已广泛地热烈地掀起了志愿抗美援朝保家卫国的热潮。各民主党派的联合宣言,不仅拥护同时也体现了全国人民的意志和要求,我们竭诚地拥护,并誓以实际行动来粉碎美帝国主义者的狂妄侵略行为,以达到抗美援朝保家卫国的神圣任务的目的。

钱伟长当选中国人民保卫世界和平反对美国侵略委员会北京市分会委员。

四、传播科学历史知识,普及科学技术文化

1950年,钱伟长被任命为中华全国自然科学专门学会联合会常务委员会委员、计划委员会委员,叶企孙为计划委员会主任。

钱伟长作为清华大学自然科学工作者,积极响应中华全国自然科学专门学会联合会、中华全国科学技术普及协会的号召,投入科普工作。他走出校园,为社会开设科普讲座,普及科学知识和培养青年对科学的爱好。1950年2月15日,钱伟长在北京市青年宫主讲"怎样学习科学"。这是北京市青年服务部举办的第一次讲座[①]。

1951年2月11日,《人民日报》报道:"正确表扬我们祖国悠久历史中的伟大文化和文明,在进一步树立健全的马列主义历史观和推动新中国的爱国主义建设热情上,都是极重要的。《中国青年》五十七期,在这方

---

① 《青年服务部创办大众科学讲座》,载《人民日报》1950年2月14日。

面做了一个表率。这一期里刊载了四篇这方面的文章,作者为金灿然、钱伟长、翦伯赞、宋云彬。金灿然的《爱祖国的历史》概括地批判了旧的历史著作中在这方面的偏差,说明应该如何重视和吸收长期历史发展中的文化遗产,叙述了我们历史中的重大业迹及其在世界历史上的先导地位。钱伟长教授的《中国古代的科学创造》(本报已于二月一日转载),向读者介绍我们历史中的先哲们在水利工程、数算、机械、纺织、造纸、火药、印刷、地下矿藏的发现等等方面的珍贵创造,证明我们祖国的历史曾经走在世界史的前面,对世界文化起了重大的推动作用。"①

钱伟长在《中国古代的科学创造》②开篇便指出:

> 我们伟大的祖国,有着优秀的丰富的历史遗产。我们的祖先们数千年来,在这广大的东亚大陆上,不断地劳动着,创造着,与自然搏斗着,以刻苦耐劳的劳动生活,光辉优秀的科学创造,为我们四亿七千五百万子孙,留下了这样一份沃富美丽的江山和光荣无比的历史。我们每一个中国人民,都为我们的祖国骄傲,为我们祖国的历史骄傲。我们热爱我们伟大的祖国,更热爱我们祖国的光荣历史,我们一定能继承祖先们的优秀传统,以不断的劳动和不断的创造,来使美丽的祖国更美丽,使光荣的历史更光荣。

文章也指出了我国近代在科学技术上与西方的差距。钱伟长最后讲道:

> 我们祖国有着丰富的历史遗产,有着光辉无比的科学创造。这些史实,不是几千字所能写得尽、说得完的。就所说的这一些,已足

---

① 《出版动态》,载《人民日报》1951年2月11日。
② 钱伟长:《中国古代的科学创造》,载《人民日报》1951年2月1日。

以证明历史上中国的光辉伟大。"中国人民在几千年中经常居于世界文化的前列,只是在近一百多年间才落于欧洲人之后。"造成这种落后的原因,不外是资本主义和帝国主义国家对中国的侵略和残酷的压迫,和反动统治阶级的腐朽无知和助纣为虐。今天,我们已经解放了自己,伟大的中国劳动人民与马克思列宁主义相结合的事实,使中国人民迅速地了解了自己的力量和智慧。我们骄傲地继承着这笔光辉的遗产,我们热爱着这个有五千年历史的伟大祖国,我们将永远在这片土地上无休止地劳动,和不断地创造,来丰富我们光明的前途。

在此基础上,钱伟长搜寻查找大量资料,丰富和完善史料依据,完成了他的首部普及中国科学技术史的图书《我国历史上的科学发明》,1953年由中国青年出版社出版。该书内容涉及农业、水利、数学、天文和历法、指南针和指南车、造纸和印刷术、火药、机械、建筑等九个方面,深入浅出,要言不烦,近十万言即把中国历史上曾产生过重要影响的数百项科学进步和发明项目加以生动介绍。通过阅读该书,读者,特别是青少年可以深入了解我国的科技史,增强民族自信心,获得深刻的爱国主义教育。该书几经再版和重印,还有各种彩绘本、精装本等,已经成为青少年喜爱的科普读物。

钱伟长坚持撰写科普文章,先后完成:《关于喷射飞机的一些常识》,1951年1月11日国防科学讲座讲稿,刊于《自然科学》1951年第2期;《中国古代的三大发明》,1951年3月27日刊于《中国青年》总第61期;《科学普及读物要有严格与正确的可学内容》,评陈大年著《地球与宇宙》,1951年8月25日刊于《中国青年》总第73期。

他还注重学习方法和学习态度的引导,特别是探讨在课程教学中如何贯彻爱国主义教育等。这方面的文章有:《物理学与爱国主义教育相结合》,1951年8月刊于《人民清华》;《如何帮助学生搞好学习》,1952年9月刊于《人民教育》;《与青年学生谈谈学工程技术的问题》,1952年5月

24日刊于《中国青年》总第90期;《青年同学们为建设祖国而学习》,1953年5月4日刊于《人民日报》。

五、作为新中国成立后第一个大型代表团成员出访

1951年金秋时节,中国政府派出新中国成立后第一个大型代表团——中国文化代表团访问印度和缅甸。这次访问是新中国开展全面外交工作的一部分,目的在于和两个周边国家建立和发展友好关系,宣传新中国的崭新面貌,加强彼此了解和文化交流。因此,中央领导对此次访问十分重视,周恩来总理亲自过问代表团的组建情况,并亲自审定到国外展览的图片、敦煌壁画摹本、工艺美术作品和七部电影。事实证明,这次访问不负众望,达到了预期效果,其中意义最为深远的是,这为三年后即1954年6月周恩来总理应邀访问印度和缅甸,确定以"五项原则"作为指导中印、中缅关系的基本准则,起到了思想舆论的准备作用[①]。

1951年9月20日,钱伟长列于新华社公布的代表团组成名单。团长是文化部副部长、物理学家丁西林,副团长由经济学家李一氓担任。钱伟长作为代表团成员,身份是清华大学物理学及应用数学教授。团员还有:前北京大学历史学教授陈翰笙,文物局局长、文学批评家、小说家郑振铎,小说家刘白羽(兼代表团秘书长),清华大学中国哲学史教授冯友兰,中央美术学院教授、画家吴作人,北京大学经济学教授狄超白(兼代表团副秘书长),北京大学东方语文学系教授季羡林,戏剧家、电影导演张骏祥,北京师范大学中国文学系教授叶丁易,中国红十字会总会副秘书长倪斐君(兼代表团副秘书长),画家、敦煌文物研究所所长常书鸿,中央音乐学院上海分院教授周小燕。代表团成员一共15人(另有工作人员6人),均为精心挑选的文化界、学术界有代表性的学者、教授。

临行前,印度、缅甸驻华使馆均设宴欢送代表团。代表团于20日晚乘

---

① 胡光利、梁志刚:《季羡林全传》,华中科技大学出版社2019年版。

车离京。到车站欢送的政府首长和人民团体的代表共100余人,其中有政务院文化教育委员会副主任兼文化部部长沈雁冰、文化教育委员会秘书长兼新闻总署署长胡乔木、出版总署署长胡愈之、外交部副部长章汉夫、文化部副部长周扬、教育部副部长韦悫、新闻总署副署长萨空了等。印度大使潘尼迦、缅甸大使吴拉茂与夫人,以及印度、缅甸两国大使馆人员均到车站欢送。

那时新中国刚刚成立,中央政府对于参与外事活动人员的选拔非常严格,要求政治上必须绝对可靠;一些有国际影响的著名人士也在选拔之列,因为他们能更好地发挥作用,得到国外的信任。

后来1954年钱伟长还担任中缅友好协会副会长和理事,参与和见证了中国和缅甸的一系列双边活动。比如,1954年12月2日晚参加周恩来总理为接待到访的缅甸联邦总理吴努及其夫人等一行的盛大欢迎会。

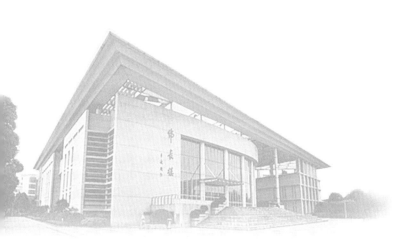

附录一 钱伟长青年时期大事记

1913年10月9日,出生于江苏省无锡县鸿声里七房桥村。

1915年,一家迁居荡口镇。

1917—1925年,在荡口镇上小学。

1925年,在无锡荣巷公益学校上学,与荣毅仁(后来担任过国家副主席)是同学。

1926年,在无锡国学专修学校上学。

1927年,在无锡县立初中上学。

1928年8月7日,列于苏州中学公布的首批录取名单。

1928—1931年,在苏州中学学习。

1929年11月16日,在苏州中学参加高中紫阳市公安课会议。

1931年夏,在《苏中校刊》发表文章《二种特殊滑车的机利》。

1931年7月,报名并参加大学入学考试。7月16日起在上海徐家汇交通大学参加清华大学入学考试。

1931年8月11日,列于当年清华大学184名一年级新生名单第十六位。名单上还有苏州中学四名同学排在后面。

1931年9月14日,参加清华大学开学典礼。

1931年,九一八事变后,选择物理系学习,系主任吴有训同意他试读。

1932年3月14日,为抗日捐款。

1932年4月27日,在清华大学运动会上获400米第二名、三级跳第二名、跳远第二名。

1932年10月8日,在《清华周刊》发表译文《方程式之代数解法》。

1933年1月14日,作为校内特约撰稿人,与《清华周刊》两部人员合影。

1933年3月15日,担任清华大学学生会卫生科干事。

1933年4月5日,在《清华周刊》发表文章《零原子序数》。

1933年8月15日,在往北平的火车上遇见清华大学1932级两位同学——盛健和张宗和。

1933年11月6日,入选清华大学足球队。

1933年11月26日,参加清华大学级际越野赛,所在的大三级夺得第一。

1934年4月29日,在清华大学第七级(即1931年入学的那一个年级)学生运动会上获得三项第一、两项第二。

1934年5月14日,入选清华大学田径队。

1934年5月15日,在《科学世界》发表文章《关于太阳的一切(未完)》。

1934年5月16日,在《清华周刊》发表文章《数字之排列和》。与季羡林、林家翘、陈新民、费孝通、许世瑛等60余人同列于《清华周刊》校内特约撰稿人名单。

1934年6月14日,参加北平五大学春季运动会,在中栏项目中获第三名。

1934年7月15日,在《科学世界》发表文章《关于太阳的一切(一续)》。

1934年8月15日,在《科学世界》发表文章《关于太阳的一切(续完)》。

1935年4月27日,参加清华大学运动会,获400米冠军(成绩是1分8秒8)、高栏亚军和800米第三名。

1935年6月,参加北平五大学田径赛,清华大学田径队获冠军。

1935年7月,清华大学毕业,获学士学位。

1935年8月22日,考取中央研究院物理研究所(南京)研究生(未报到)。考入清华大学理科研究院物理学部,师从吴有训,与同班同学彭桓武成为该届仅有的两名新生。

1935年9月28日,与许世瑛(鲁迅笔下人物)在图书馆学习。

1935年12月9日,参加一二·九爱国运动。

1935年12月25日,参加"中华民族解放先锋队"。参加清华大学自行车队南下宣传抗日。

1937年4月30日,文章The Spectrum of Doubly Ionized Calcium (Ca III)(《二度游离钙之光谱分析》)投稿《中国物理学报》。该文于当年6月刊出。

1937年6月18日,获高梦旦奖学金。

1937年7月7日,卢沟桥事变爆发,北平被日军占领,清华大学师生陆续撤离南迁。

1937年底,回老家荡口探亲。从上海乘船回老家的船上遇见初中同学荣毅仁。

1938年5月,在天津耀华学校讲授物理课。

1938年8月15日,文章Analysis of the Spectrum of Singly Ionized Cerium(《铈之游离光谱之分析》)、Highly Ionized Potassium and Calcium Spectra(《高度游离钾及钙之光谱》)投稿《中国物理学报》。两文于1939年6月刊出。

1938年11月26日,获中英庚款董事会协助科学工作人员项目资助。

1938年底,与清华大学同学苏良赫、汪德熙等四人一道离开天津,并于1939年元旦后辗转抵达昆明。

1939年5月10日—6月20日,第七批中英庚款留学招考报名。

1939年7月23—25日,参加第七批中英庚款留学考试。

1939年8月1日,与孔祥瑛结婚。

1939年8月25日,与郭永怀、林家翘等人列于中英庚款当年录取名单。计划9月9日前在香港集中,9月16日乘拉杰普塔纳轮出国。后因欧战于9月1日爆发,未能成行。

1939年9月23—25日,参加在昆明云南大学举行的第七届中国物理学会年会,并做报告《稀有土原子光谱之分析及结构》。

1940年7月,安排夫人孔祥瑛回重庆的娘家待产后,自己亦经历半月跋涉抵达重庆,与妻子会面。

1940年8月9日,一行24人从上海乘俄国皇后号邮轮赴加拿大留学。

1941年1月,与导师辛吉合作发表文章,文章刊载于纪念冯·卡门60岁专辑。(J. L. Synge, Chien Weizang. The intrinsic theory of elastic shells and plates. *Applied Mechanics*, Theodore von Kármán Anniversary Volume, 1941, 103–120)

1942年10月,获博士学位。博士学位论文:Chien Weizang. The intrinsic theory of elastic shells and plates (Ph.D Dissertation). University of Toronto, Canada, 1942, 219 pages.

1944年1月起,博士学位论文分三部分发表于 *Quarterly of Applied Mathematics* 1944年第1卷第4期,第2卷第1、2期。

1946年5月6日,启程回国。乘坐抗战后开通的第一班跨太平洋班轮,从洛杉矶回上海。

1946年6月,回到无锡荡口老家探望母亲。

1946年7月,受聘担任清华大学工学院机械系教授,并在北京大学、燕京大学兼授力学课程。

1946年8月25日,在科学社做报告"火箭里卖些什么药?"。

1946年10月1日,在《工程界》杂志发表文章《火箭炮及其它》。

1947年2月26日,参加教授签名,要求国民党当局释放反饥饿游行被押学生。

1947年3月18日,给学生讲"战前清华学生生活"。

1948年4月5日,文章Asymptotic behavior of a thin clamped circular plate under uniform normal pressure at very large deflection投稿《清华大学科学报告》并刊出。

1948年6月8日,参与反对美国扶日运动。

1948年7月10日,做报告"科学工作者对于原子能的态度"。

1948年9月17日,文章Derivation of the equations of equilibrium of an elastic shell from the general theory of elasticity投稿《清华大学科学报告》并刊出。

1948年9月25日,文章The true leaving angle for diaphragm and bucket wheel with curved guides at the discharge end投稿《清华大学科学报告》并刊出。列于《清华大学工程学报》编委名单。

1948年12月24日,为北平和谈传递信息。岳父孔繁霱参与联络傅作义起义。

1949年1月24日,在清华、燕京两大学教授发表对时局宣言上签字,拥护毛泽东1月14日对时局明中的八项主张。

1949年2月3日,参与迎接解放军进入北平城。

1949年3月27日,当选中国科学工作者协会北平分会理监事。

1949年4月8日,在中国文化界宣言上签字,响应召开世界拥护和平大会。

1949年4月10日,参加北平文化界联名发表宣言,声讨南京反动政府盗运文物罪行。

1949年4月21日,请求解放军即日渡江,解放全中国,实现真和平。

1949年5月4日,当选中华全国青年第一次代表大会主席团成员。

1949年5月5日,参加北平市军管会文化接管委员会在北京饭店举行的学术界座谈会。周恩来在会上讲话。

1949年5月6日,当选清华大学校务委员会常委。

1949年5月21日，当选中华全国民主青年联合总会全国委员会常委。

1949年6月18日，参与筹备全国首次科学界会议。

1949年6月21日，参加华北高教会常委会议。

1949年7月12日，参与筹备全国首次自然科学会议。18日当选筹备会常委委员。

1949年7月17日，参与发起中苏友好协会。

1949年8月13日，执笔在《人民日报》发表文章《中国的物理学》。10月1日该文在《科学大众》再次刊出。

1949年10月1日，参加天安门广场开国大典庆祝活动。

1949年10月10日，当选北京市中苏友好协会理事。

1949年11月7日，《人民日报》报道《清华大学等校院教职员工分别发表宣言 坚决拥护各民主党派联合宣言 尽最大努力为抗美援朝保家卫国的神圣任务奋斗到底》。其中，清华大学教员宣言上有钱伟长的名字。

1950年3月24日，当选清华大学校务委员会成员，兼任副教务长。

1950年9月27日，参加欢迎世界民主青年联盟代表团访问清华大学活动。

1951年2月1日，在《人民日报》发表文章《中国古代的科学创造》。

1951年9月20日，参加中华人民共和国文化代表团出访印度和缅甸。

1951年，筹建中国科学院数学研究所力学研究室并担任主任。1956年在此基础上组建力学研究所，钱学森和钱伟长分别担任所长和副所长。

1952年，出任中华全国民主青年联合会副秘书长。

1952年5月11日，当选中缅友好协会副会长。会长为郑振铎。

1952年6月25日，当选教育部京津高等学校院系调整办公室及京津高等学校院系调整清华大学筹备委员会副主任委员。

1952年7月，当选北京钢铁工业学院建校筹备委员会成员。北京钢铁学院由重工业部钢铁工业局和教育部联合筹建。

1952年10月3日，参与接见缅甸土地改革参观团。周恩来总理主持接见。

1952年10月1日，以中华全国民主青年联合总会副秘书长身份参与接见法国青年代表团。团中央书记胡耀邦致词。

1952年10月10日，出任清华大学教务长。

1953年5月4日，在《人民日报》发表文章《青年同学们，为建设祖国而学习》。

1953年5月15日，当选中华全国民主青年联合会第二届全国委员会委员。16日当选副秘书长。

1953年12月12日，出任中国科学院数学研究所力学研究室主任。

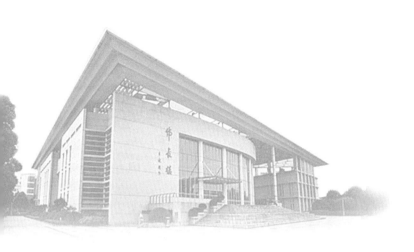

附录二　钱伟长青年时期生活学习工作过的地方

无锡：出生地，也是受到启蒙教育的地方。

苏州：在苏州中学接受正规教育。

上海：参加大学入学考试（包括在徐家汇参加清华大学入学考试）。几次路过这里，这里是去加拿大留学的第一站，也是归国后的第一站。

北平（北京）：在清华大学读本科和研究生，留学归国后在清华大学任教任职。

天津：卢沟桥事变后协助叶企孙工作。在耀华学校任教。

昆明：学习、工作，考取第七届中英庚款留学基金。结婚。

加拿大多伦多：在多伦多大学攻读硕士、博士学位。

美国加利福尼亚州：在加州理工学院从事科研工作。